Pflanzenvermehren
* von A–Z *

SHARON AMOS

Pflanzenvermehren
* von A–Z *

Aussaat · Teilung
Stecklinge und Ableger

Fotos von Steve Wooster

Weltbild

Mit besonderem Dank für Rat und Tat an Anne Tester, Doreen Amos und Nick Tester.

Titel der Originalausgabe
Plants for Free

Zuerst veröffentlicht 2001 in Großbritannien
von Collins & Brown Limited, ein Imprint von Chrysalis Books plc, 64 Brewery Road, London, N7 9NT

Deutsche Erstausgabe

Lektorat: Clare Churly, Alison Leach

Botanische Fachberatung: Tony Lord

Layout und Design: Liz Brown

Fotos: Steve Wooster und George Taylor

Illustrationen: Ian Sidaway

Koordination und Bearbeitung der deutschen Ausgabe: bookwise, München

Übertragung ins Deutsche: Dr. Eva Dempewolf

Umschlaggestaltung: Studio Höpfner-Thoma, München

Umschlagmotive: Steve Wooster

Gesamtherstellung: aprinta Druck GmbH & Co. KG, Senefelderstraße 3–11, 86650 Wemding

Printed in Germany

ISBN 3-8289-1657-0

Der Verlag möchte sich ganz herzlich bei folgenden Institutionen für die zur Verfügung gestellten Pflanzen bedanken: The Beth Chatto Gardens, Forest Lodge Garden Centre, Farnham und Wyevale Garden Centre, Endfield.

Collins & Brown/Jaqui Hurst 138, 138–139, /**David Markson** 126–127, /**Howard Rice** 20(o), 40–41, 48–49(o), 50–51, 60–61, 61, 62–63, 64–65, 74–75, 76–77, 80–81, 81, 82–83, 87, 89, 92–93(o), 98–99, 102–103, 112–113, 118–119(o), 130–131, 140–141; **Jerry Harpur** 133; **Marcus Harpur** 48–49(u), 116, 128; **George Taylor** 14–19, 21–26, 28–29; **Steve Wooster** 1, 2, 6 (Hadspen House), 7(u & o) (Beth Chatto Gardens), 8–9 (Butterstream), 10, 11(l), 11(r), 12 (Beth Chatto Gardens), 13, 27 (Briar Rose Cottage), 30–31 (Yalding Organic Gardens), 32 (Beth Chatto Gardens), 33 (Broughton Castle), 42–43, 44, 44–45 (Beth Chatto Gardens), 46–47, 47, 50, 52, 52–53, 54, 54–55, 56–57, 58, 58–59 (Beth Chatto Gardens), 64, 66, 66–67, 68–69, 69, 70–71, 72 (Briar Rose Cottage), 72–73, 75, 77, 78–79, 79, 83, 84–85, 85, 86–87 (Beth Chatto Gardens), 88–89, 90, 90–91, 92–93(u), 94, 94–95, 96–97 (Beth Chatto Gardens), 97, 100–101, 101, 103, 104–105, 106, 106–107, 108, 108–109, (Beth Chatto Gardens), 110, 110–111, 113, 114–115, 115, 116–117, 118–119(u) (Beth Chatto Gardens), 120–121 (Beth Chatto Gardens), 121, 122–123, 123, 124–125, 125, 127, 128–129, 131, 132–133, 134, 134–135, 136, 136–137, 141.

Inhalt

Einführung

Ein üppig grüner, reich blühender Garten muss kein Vermögen kosten. Es gibt eine Menge Pflanzen, die sich ganz ohne unser Zutun vermehren oder nur minimaler Unterstützung bedürfen. Meist handelt es sich dabei um Arten, die Freunde oder Nachbarn im Garten haben und von denen Sie problemlos kostenlose Ableger bekommen können.

Diese Form des Gärtnerns ist etwas ganz anderes als der Einkauf im Gartencenter, wo man erfahrungsgemäß leicht der Versuchung erliegt und dann mit einer Kiste voll Pflanzen dasteht, ohne genau zu wissen, wo man diese hinsetzen und wie man sie pflegen soll. Tauschen Sie hingegen Samen, Ableger oder Jungpflanzen mit anderen Hobbygärtnern, bekommen Sie in aller Regel auch Informationen und Pflegetipps. Sie sehen die ausgewachsenen Pflanzen und wissen folglich, wie hoch sie werden und wie stark sie sich ausbreiten. Sie gewinnen einen Eindruck, mit welchen anderen Pflanzen sie gut zusammenpassen, und Sie erfahren, an welchem Standort die jeweiligen Arten besonders gut gedeihen. Mit jeder Pflanze, die Sie auf diesem Wege erhalten, kommt also eine Art Gebrauchsanleitung.

Tauschhandel ist so alt wie die Menschheit, und für Gartenfreunde mit einem kleinen Budget gibt es keine bessere Methode. Unüberlegt ausgegebenes Geld ist kein Garant für reizvolle Blumenrabatten und stattliche Sträucher. Allein durch das Befolgen einiger einfacher Regeln lässt sich fast jeder Garten in ein kleines Paradies verwandeln. Überschüssige Pflanzen können Sie tauschen oder auf einem Pflanzenflohmarkt verkaufen.

Für Gartengeräte und Hilfsmittel müssen Sie ebenfalls nicht tief in die Tasche greifen. Das meiste lässt sich improvisieren oder aus Dingen herstellen, die in Keller, Schuppen oder Garage herumliegen. Auch spezielle Kenntnisse sind nicht vonnöten. Das wenige, was Sie wissen müssen, finden Sie auf den folgenden Seiten erklärt.

Alle Pflanzen, die Sie im Porträtteil finden, sind einfach zu kultivieren, wachsen rasch zu imposanter Größe heran oder geben gute Bodendecker ab. Sie säen sich entweder selbst aus oder lassen sich problemlos vermehren – und „produzieren“ somit ihrerseits wieder kostenlose Pflanzen.

Selbstaussaat *Mohnblüten halten zwar nur ein paar Tage, erscheinen aber in großer Fülle und bilden beeindruckende Farbteppiche.*

Dass eine Pflanze leicht zu pflegen und zu vermehren ist, heißt nicht, dass sie auch bekannt und weit verbreitet sein muss. Viele ungewöhnliche oder weniger bekannte Arten besitzen diese Eigenschaften ebenfalls.

Dieses Buch stellt Ihnen eine größere Auswahl von Pflanzen vor, die sich auch für Einsteiger eignen. Je länger Sie sich mit der Materie befassen, desto mehr eigene Ideen werden einfließen und desto breiter wird die Palette der Blumen, die Sie auch weitergeben können.

Wird ein Garten ganz neu angelegt, ist es natürlich eine recht einseitige Angelegenheit, und Sie sind ganz auf die Großzügigkeit von Nachbarn und Freunden angewiesen. Wenn Sie ein bisschen Geld übrig haben, können Sie auch Floh- oder Bauernmärkte in Ihrer Umgebung besuchen. „Fortgeschrittene" finden dort übrigens häufig ausgefallene Arten, mit denen sie sich später bei den anfänglichen Spendern revanchieren können.

Goldene Blütenkerzen *Als Zweijährige treibt die Königskerze (Verbascum ssp.) im ersten Jahr eine Rosette wollig behaarter Blätter, aus der im folgenden Sommer die imposanten, mitunter mannshohen Blütenstände emporwachsen.*

Frühlingsfarben *Einmal heimisch geworden, sind Vergissmeinnicht steter Gast in einem Garten, da sie sich Jahr für Jahr von neuem aussäen. Hier umrahmen sie Akeleien, einen weiteren selbst versamenden Frühjahrsblüher.*

GRUNDWISSEN

Wo bekommt man Pflanzen?

Sämtliche in diesem Buch beschriebenen Arten säen sich entweder bereitwillig selbst aus, lassen sich mittels Stecklingen einfach vermehren oder wachsen derart rasch, dass man sie problemlos teilen kann. Sie haben also innerhalb weniger Jahre eine Fülle von Pflanzen, mit denen Sie andere Stellen Ihres Gartens bereichern oder aber Freunde und Nachbarn beschenken können.

Wenn Sie einen Garten völlig neu anlegen, reicht es im Regelfall natürlich nicht aus, sich nur auf Spenden anderer Gartenfreunde zu verlassen. Um Beete und Rabatten mit einer bunten, vielfältigen Mischung zu bestücken, müssen Sie deshalb anfangs wohl oder übel ein wenig Geld investieren. Sofern Sie beim Kauf aber Arten wählen, die leicht zu vermehren sind, können Sie schon bald Ihre eigenen Ableger nehmen und diese nicht nur selbst weiter verwenden, sondern auch Exemplare an Verwandte, Freunde und Nachbarn weitergeben.

Pflanzen aus Nachbars Garten haben übrigens noch ein zusätzliches Plus: Da Bodenbeschaffenheit und Witterungsverhältnisse von einem Grundstück zum nächsten kaum differieren, werden Arten und Sorten, die nebenan blühen, wahrscheinlich auch bei Ihnen gedeihen.

Qualitativ hochwertige Pflanzen (und mit anderen sollten Sie sich gar nicht erst belasten) findet man natürlich in allen Gärtnereien und Gartencentern, wo Sie dafür jedoch nicht selten tief

… auf Pflanzenflohmärkten finden Sie einen guten Grundstock für Ihren neuen Garten …

... Stiefmütterchen keimen sehr gut. Hobbygärtner haben daher oft Pflanzen zum Abgeben ...

in die Tasche greifen müssen. Glücklicherweise gibt es noch andere Möglichkeiten, günstig an gesunde und kräftige Planzen zu kommen.

Pflanzenflohmärkte

Wohl mit die preiswerteste Art, den eigenen Garten zu bereichern, ist der Kauf von Ablegern oder „Secondhand"-Pflanzen. Werfen Sie einen Blick auf die Anschlagtafel im Supermarkt, sehen Sie im Lokalteil der Zeitung oder im örtlichen Anzeigenblatt nach, wann und wo in Ihrer Nähe ein solcher Pflanzenflohmarkt stattfindet. Insbesondere Kirchen und andere gemeinnützige Organisationen veranstalten häufig Basare, auf denen Hobbygärtner überschüssige grüne Zöglinge abgeben. Kommen Sie aber frühzeitig, denn sonst sind die schönsten Exemplare und besten Schnäppchen schon weg.

Natürlich bergen solche Privatkäufe immer auch Gefahren. So besteht die Möglichkeit, dass Pflanzen, die besonders günstig sind, ihre besten und blühfreudigsten Jahre bereits hinter sich haben. Auch auf Schädlinge und Krankheiten sollten Sie

... bunter Blumenschmuck vom Flohmarkt – viel Freude für wenig Geld ...

achten. Machen Sie es sich zur Regel, ausschließlich Exemplare zu kaufen, die gesund aussehen, junge Triebe aufweisen und kräftige Wurzeln besitzen. Verwelkte Blüten sind kein Hinderungsgrund, das Blattwerk aber muss der Jahreszeit entsprechend frisch wirken.

BEIM KAUF BEACHTEN

In Gärtnereien und Gartencentern angebotene Pflanzen müssen bestimmte Qualitätsstandards erfüllen. Kaufen Sie hingegen auf einem Flohmarkt o. ä., sollten Sie folgende Punkte beachten:

- Die Pflanzen sollten gesund und robust aussehen. Meiden Sie Exemplare, die die Blätter hängen lassen. Sie wurden womöglich erst kurz zuvor ausgegraben und haben verletzte Wurzeln. Aus den Abflusslöchern wachsende Wurzeln deuten auf ein gesundes Wurzelsystem hin.
- Wählen Sie Pflanzen mit vielen jungen Trieben und Knospen.
- Meiden Sie Pflanzen mit welken, fleckigen, verkümmerten oder verkrüppelten Blättern.
- Kaufen Sie keine Pflanzen mit Unkraut im Topf.

Anzucht aus Samen

Verglichen mit „fertigen" Pflanzen sind Samen überaus preiswert. Überlegen Sie, ob es sich nicht lohnt, einen Versuch zu starten und wenigstens Sommerblumen selbst heranzuziehen. Das spart Geld und macht Spaß!

Jungpflanzen-Kauf

Eine echte Alterative zur Eigenanzucht, die ja bekanntlich nicht frei von Risiken ist, stellt der Kauf von Jungpflanzen dar. Supermarktketten, aber mitunter auch der Gärtner um die Ecke bieten schon früh im Jahr Pflänzchen in Kleinpaletten an, die Sie zu Hause aufziehen können. Greifen Sie aber nur dann zu, wenn diese Pflanzenkinder, unabhängig von ihrer Größe, robust und gesund aussehen. Schauen Sie sich einfach um und vergleichen Sie Qualität und Preis.

Auch Versandgeschäfte haben sich auf diesen Markt vorgewagt und offerieren seit einiger Zeit Jungpflanzen in verschiedenen Entwicklungsstadien (je kleiner desto billiger). Mit nur ein bisschen Glück erhalten Sie auf diesem Wege prächtigen Sommerschmuck für Garten, Terrasse und Balkon zum Sparpreis. Gärtnereien und gute Katalogversender sparen nicht mit Tipps und bieten auch gleich das nötige Zubehör, um die Pflänzchen möglichst rasch zu stattlichen Blütenträumen heranwachsen zu lassen.

Gartenbauvereine

Erkundigen Sie sich, ob es in Ihrem Wohnort einen Gartenbauverein gibt, und treten Sie bei. Für einen normalerweise recht geringen Mitgliedsbeitrag werden fachmännischer Rat, die Möglichkeit zum Erfahrungsaustausch sowie informative und unterhaltsame Veranstaltungen geboten. Außerdem können Sie gegen eine maßvolle Gebühr größere Gartengeräte wie Häcksler, Schredder und Rasenmäher ausleihen, deren Anschaffung teuer käme und die in Gartenkammer oder Keller nur wertvollen Stauraum blockieren würden.

Botanische Gärten und Landesgartenschauen

Wollen Sie mehr über Pflanzen erfahren, so besuchen Sie doch einmal einen botanischen Garten in Ihrer Nähe. Je nach Standort variieren diese Anlagen in ihrer Größe, und natürlich unterscheiden sich auch die dort gezeigten Pflanzen.

Viele botanische Gärten haben speziell ausgebildetes Personal, das Führungen und mitunter auch Informationsveranstaltungen organisiert. Nutzen Sie diese zumeist sehr kostengünstigen Weiterbildungsmöglichkeiten. Sie bieten Ihnen Zugang zu Expertenwissen, das speziell auf Ihre Region zugeschnitten ist.

Kostenlose Ratschläge zu Gartengestaltung und Schädlingsbekämpfung bekommen Sie auch

… in Privatgärten lässt sich so manches seltene Stück entdecken …

… kaufen Sie nur gesunde Pflanzen mit kräftigem Blattwachstum …

auf den regelmäßig stattfindenden Landesgartenschauen. Zudem gibt es dort neue Sorten zu bestaunen, von denen man häufig gleich vor Ort Samen und/oder Jungpflanzen kaufen kann.

Internet

Wenn Sie Zugang zum Internet haben, lassen sich mithilfe einer guten Suchmaschine Webseiten zu allen Aspekten des Gartenbaus finden. Knüpfen Sie Kontakt zu anderen Pflanzenfreunden und tauschen Sie Tipps und Informationen aus. Des Weiteren können Sie herausfinden, ob eine bestimmte Art in Ihrer Region gedeiht.

Gravierendster Nachteil des Internets ist, dass es eine solche Unmenge von Informationen bereithält, dass Sie möglicherweise in Gefahr geraten, mehr Zeit mit Surfen zu verbringen als mit tatsächlicher Gartenarbeit.

FESTGEWACHSEN?

Am Topfrand angewachsene Pflanzen lassen sich retten! Klopfen Sie an den Topf, um den Wurzelballen zu lösen, und ziehen Sie die Pflanze vorsichtig heraus. Sind die Wurzeln durch die Abflusslöcher gewachsen, müssen Sie den Topf eventuell zerschlagen bzw. aufschneiden. Versuchen Sie dann, die Wurzeln so zu entwirren, dass sie nicht nur im Kreis wachsen. Mitunter muss man einige entfernen. Nun in das vorbereitete Pflanzloch setzen. Zuerst die Erde am Boden mit einer Grabegabel lockern, damit die Wurzeln leichter nach unten wachsen können. Dann den Wurzelballen vorsichtig etwas auseinanderzupfen. Zuletzt Erde auffüllen, festdrücken und gut angießen.

Gartengeräte und Hilfsmittel

Mit ein bisschen Improvisationstalent lässt sich bei der Gartenarbeit jede Menge Geld sparen. Der Trick besteht darin, den potenziellen Nutzwert aller möglichen Gegenstände zu erkennen. Haben Sie ein paar alte Regalbretter oder ausrangierte Fenster übrig? Daraus können Sie sich z. B. ein Frühbeet (s. S. 16) oder einen Kompostbehälter bauen. Passend zugeschnittene alte Teppiche geben eine gute Kompostabdeckung ab oder ersticken auf einem gerodeten Stück Garten nachwachsendes Unkraut.

Grundausstattung

Für einen Garten von durchschnittlicher Größe braucht man nicht viele Gartengeräte. Ein oder zwei wichtige Geräte müssen Sie vielleicht kaufen, doch viele andere lassen sich improvisieren.

Absolut unentbehrlich sind ein Spaten, eine Grabegabel und ein Schäufelchen sowie eine gute Gartenschere. All dieses bekommt man häufig günstig aus zweiter Hand. Bei allem anderen können Sie sich behelfen. Ein Pflanzholz für kleine Pflanzlöcher funktioniert auch nicht besser als ein alter Besenstiel, und mithilfe von zwei Holzstöckchen und einem Stück Schnur markierten schon unsere Vorväter gerade Linien und Biegungen.

Pflanzglocken und Katzenschreck

Durchsichtige Kunststoffflaschen tragen zwar in aller Regel den grünen Punkt, sind aber dennoch nicht gerade umweltfreundlich. Entlasten Sie Ihr Gewissen – und sparen Sie bares Geld –, indem

Wichtige Gartengeräte *Die größte Investition, die Sie tätigen müssen, ist der Kauf eines Spatens und einer Grabegabel. Mit etwas Glück bekommt man gebrauchte entsprechend günstig. Bambusstäbe sind preiswert, und sicher haben Sie bald einen großen Vorrat an Plastiktöpfen.*

Kostenlose Pflanzglocken *Kunststoffflaschen geben nützliche Mini-„Gewächshäuser“ ab. Sie schützen die Pflanzen und sind überraschend haltbar.*

Sie sie weiterverwerten. Auseinander geschnitten eignen sie sich hervorragend als Miniatur-Pflanzglocken, mit denen Sie empfindliche Einzelpflanzen vor schlechter Witterung und Schädlingsbefall schützen können. Oberes und unteres Ende (mit Flaschenhals bzw. Bodenausbuchtungen) geben gute Schutzhütchen ab, während der beiderseits offene Mittelteil Pflänzchen davor bewahren kann, von Vögeln herausgezupft zu werden.

Gibt es ein Problem mit Katzen, die an frisch angesäten Stellen graben oder unerwünschte Duftmarken setzen? Viele Gartenbesitzer schwören auf diesen modernen Katzenschreck: Füllen Sie leere Plastikflaschen zur Hälfte mit Wasser und legen Sie sie an den Stellen aus, die Sie katzenfrei halten wollen. Offenbar scheuen Katzen die entstehenden Lichtreflexe.

Töpfe und Pflanzerde

Angesichts der Unzahl kleiner Kunststofftöpfe, die in der Gärtnerwelt zirkulieren, ist es eher unwahrscheinlich, dass Sie jemals welche kaufen müssen. Sie sind wie eine Art Währung, die immer nur den Besitzer wechselt. Praktisch jede Pflanze, die Sie kaufen, kommt in einem solchen Topf, der sich auswaschen und immer wieder verwenden lässt. Sind Sie ein Gartenneuling und deshalb noch nicht sonderlich gut bestückt, fragen Sie einfach einen Nachbarn. Die meisten Leute sind im Besitz von dutzenden Plastiktöpfen, die sie nur zu gerne an jemanden weitergeben, der dafür Verwendung hat.

Pflanzerde selbst anzumischen ist zeitaufwendig, mühsam und kompliziert. In diesem Fall empfiehlt sich also die Fahrt zum Gartencenter. Je größer der Sack, desto günstiger übrigens normalerweise die Erde. Vergleichen Sie die Preise!

Katzenschreck *Katzen machen offenbar einen Bogen um Beete, in denen einfache Wasserflaschen-Scheuchen ausgelegt wurden. Sobald die Pflänzchen größer und nicht mehr gefährdet sind bzw. das Erdreich bedecken, können die Scheuchen entfernt werden.*

Improvisiertes Frühbeet
Eine Kunststoffbox wird mithilfe einer Plexiglasplatte zum Frühbeet. An warmen Tagen die Abdeckung etwas verschieben, damit die Luft ventilieren kann.

Ein Frühbeet

Frühbeete schützen Stecklinge und Jungpflanzen vor dem schlimmsten Winterwetter. Dazu braucht man aber kein teures Fertigmodell. Eine einfache Holz- oder Kunststoffkiste mit einer Fenster- oder Plexiglasscheibe als Abdeckung eignet sich genauso. Und wen interessiert schon, wie es aussieht, wenn es funktioniert? Eine solche Box passt in jede Ecke und findet selbst im winzigsten Garten Platz. Ehrgeizigere „Groß"-Gärtner bauen aus alten Regalbrettern als Seitenwänden und ausrangierten Fenstern als Abdeckung ein geräumigeres Frühbeet. Hier finden die empfindlichen Pflanzen Schutz, bis das Wetter milder ist und sie ins Freiland können.

Billiger Verletzungsschutz *Stülpen Sie leere Vitamintablettenröhrchen über Bambusstäbe, um Verletzungen zu vermeiden. Grün angestrichen, fügen sie sich unsichtbar ins Blattwerk.*

Bambusstäbe, Schutzkappen und Pflanzenstützen

Einige hohe Pflanzen kommen wunderbar ohne jede Art von Abstützung aus, aber viele Arten brauchen – insbesondere bei starkem Wind oder in exponierter Lage – eine helfende Hand, um nicht umzuknicken. Die klassische Lösung für dieses Problem sind Bambusstäbe. Möglicherweise können Sie Bambus (z. B. *Pseudosasa amabilis*) im eigenen Garten ziehen. Das Schneiden der Triebe ist der ideale Weg, die kräftig wüchsigen Bambusarten in Schach zu halten. Bambusstäbe sind immer wieder verwendbar und relativ preiswert. Wer sehr sparen muss, kann natürlich auf lange und gerade gewachsene Triebe eigener Bäume und Sträucher zurückgreifen und diese als Staudenhalter einsetzen.

Um Verletzungen vorzubeugen, sollte jeder Bambusstab mit einer Schutzkappe bestückt werden. Leere Brausetablettenröhrchen, wie man sie mit Multivitamin-, Calcium- oder Magnesiumtabletten kauft, sind dafür ideal: lang und schmal genug, um auch bei starkem Wind nicht fortgeblasen zu werden. Zugegeben, sie sehen nicht besonders schön aus, aber sobald die Pflanze höher wächst, werden sie vom Laub verdeckt. Oder aber Sie streichen sie mit dem Rest grüner Ölfarbe, der schon ewig in Ihrem Keller steht. Auch die Stäbe selbst können lackiert werden. Frisch ist Bambus zwar grün, später trocknet er jedoch zu einem auffälligeren Gelbbraun.

Eine andere Möglichkeit besteht darin, bei Leuten mit großem Garten nach Haselnuss-, Esche- oder Weidenruten zu fragen, aus denen sich ebenfalls geeignete Pflanzenstützen fertigen lassen – Pyramiden für Duftwicken (*Lathyrus odoratus*), Rankgitter und Spaliere für andere Kletterpflanzen. Fädeln Sie die dünnsten Zweige horizontal durch die kräftigeren senkrechten. Sind sie nicht biegsam genug, hilft mehrstündiges Einweichen. Klappt es danach immer noch nicht, verwenden Sie einfach Bast oder Draht.

Frischer Bambus ist so flexibel, dass Sie daraus Stützbögen für niedrigere Pflanzen – z. B. größere Storchschnäbel (*Geranium*), Pfingstrosen (*Paeonia*) und Mohn (*Papaver*) – machen können, die bei Regen oder starkem Wind gefährdet sind. Stecken Sie einfach ein Ende der Bambusrute in der Nähe der Pflanze in die Erde, biegen ein U und stecken das andere Ende ebenfalls in den Boden. Aus mehreren Ruten entsteht so ein umgekehrter Korb. Natürlich funktioniert diese Technik auch mit Weidenruten. Allerdings gehen Sie dabei das Risiko ein, dass die Pflanzenstütze selbst Wurzeln bildet und anwächst. Das lässt sich vermeiden, indem man die Zweige schält.

Ein Kompostbehälter

Eine alte Mülltonne ohne Boden bietet sich als unauffälliger Kompostbehälter für kleine Gärten an. Geben Sie rohe Küchenabfälle – Obst und Gemüseschalen, Teebeutel, Kaffeesatz, Eierschalen – sowie Grasschnitt, ausgezupftes Unkraut und Pflanzenteile (die allerdings nicht krank sein dürfen) hinein. Zur Belüftung und Lockerung legt man Lagen aus Karton und zusammengeknülltem Zeitungspapier dazwischen. Wer Kaninchen oder Meerschweinchen hält, kann auch deren Einstreu in den Kompost werfen. Nach rund sechs Monaten können Sie auf Ihren Blumenbeeten den ersten reifen Kompost verteilen. Für größere Gärten baut man einen Kompostbehälter aus nicht mehr benötigten Brettern und deckt das Ganze mit einem passend zugeschnittenen Stück alten Teppich ab.

Kletterhilfe für Wicken *Eine simple Pyramide aus dünnen Eschenzweigen bildet eine optische Bereicherung für die Rabatte, schon bevor sie von Kletterpflanzen überrankt wird. Besonders dekorativ wirkt sie mit Kapuzinerkresse oder Duftwicken.*

Saatgut sammeln und aussäen

Gartenpflanzen, die sich selbst aussäen, sind eine wahre Freude. Sie entbinden uns der Mühe, ein Saatbeet anzulegen oder auf der Fensterbank des Gästezimmers umständlich mit Aussaatgefäßen zu hantieren. Die Samen keimen ganz von alleine zur richtigen Zeit – häufig schon früher, als ein Gärtner es wagen würde. Es ist ein schönes Gefühl, sich darauf verlassen zu können, dass Arten wie Ringelblume (*Calendula officinalis*), Jungfer-im-Grünen (*Nigella damascena*), Vergissmeinnicht (*Myosotis sylvatica*) und Fingerhut (*Digitalis purpurea*) Jahr um Jahr eine neue Pflanzengeneration hervorbringen.

Wer die Fähigkeit zur Selbstaussaat voll ausnutzen will, darf nicht zu ordnungsliebend sein, denn die Samenstände müssen stehen bleiben, bis sie sich von selbst geöffnet haben. Dies hat noch andere Vorteile. Erstens laden Sie damit gefiederte Sänger in Ihren Garten ein. Sie können es sich leisten, großzügig zu sein, und Samen von Pflanzen wie Stockrose (*Alcea rosea*) und Nachtkerze (*Oenothera biennis*) mit kleinen Vögeln wie Sperling und Distelfink zu teilen. Zweitens sehen viele Samenstände, insbesondere von Doldenblütlern, äußerst attraktiv aus, wenn winterlicher Raureif ihre Konturen akzentuiert. Und nicht zuletzt geben abgestorbene Stängel den Pflanzen in der kalten Jahreszeit zusätzlichen Frostschutz.

Graben Sie das Erdreich rings um bereits eingebürgerte Pflanzen nur um, wenn Sie die Sämlinge aufgrund ihrer Blattform von Unkraut unterscheiden können. Andernfalls fallen dieser Aktion vielleicht interessante Pflanzen zum Opfer.

Umpflanzen

Einige sich selbst aussäende Arten sind schwierig zu verpflanzen. Jungfer-im-Grünen (*Nigella damascena*), Mandelröschen (*Clarkia unguiculata* syn. *C. elegans*) und Goldmohn (*Eschscholzia californica*) überstehen es gewöhnlich nicht, wenn man sie an einen anderen Standort setzt. Damit zumindest ein paar Pflanzen an der gewünschten Stelle aufgehen, können Sie dort entweder reife Samenstände ausschütteln oder den Samen einsammeln und im folgenden Frühjahr in den vorbereiteten Boden legen (siehe unten).

Saatgut sammeln

Lassen Sie die Samenstände möglichst lange an der Pflanze reifen und ernten Sie sie erst kurz bevor die Samen freigesetzt werden. Der richtige Zeitpunkt ist nicht immer leicht zu erkennen. Es kann daher einfacher sein, den ganzen vertrocknenden Stängel zu schneiden. Binden Sie Vlies oder Papiertütchen um die einzelnen Samenstände und hängen Sie die Triebe kopfüber in einem trockenen, luftigen Raum auf. Verwenden Sie keine Plastiktüten. Sie verhindern das weitere Austrocknen des Pflanzenmaterials und lassen die Samenstände möglicherweise sogar faulen.

SAMEN RICHTIG AUFBEWAHREN

1 Bei großen Samenständen die Samen direkt auf ein Stück gefalztes Papier rieseln lassen. Jede Mohnkapsel enthält mehrere hundert Samenkörner – es reicht eine Pflanze, um Freunde und Nachbarn mitzuversorgen.

2 Die Samen in ein vorher beschriftetes Tütchen füllen. Vergessen Sie nie, eingesammelte Samen zu beschriften. Samen nach Möglichkeit nicht länger als ein bis zwei Jahre lagern. Sie verlieren sonst an Keimfähigkeit.

Fingerhüte sind problematisch zu handhaben, aber sie produzieren derart viele Samen, dass es nicht schlimm ist, wenn Sie unterwegs ein paar verlieren. Schütteln Sie die trockenen Pflanzen einfach über einem Stück Papier, und Sie haben reichlich Saatgut für sich und Ihre Nachbarn.

Haben Sie die Samenstände geöffnet, kommen die Samen zur Lagerung in beschriftete Papiertütchen. Ein scharfer Knick in dem Blatt Papier erleichtert das Einfüllen. Bewahren Sie die Tütchen kühl, aber frostfrei in einem luftdichten, mäusesicheren Behälter auf. Manche Samen müssen aus ihren Hülsen oder Kapseln herausgelöst werden. Stockrosensamen etwa können sehr dicht sitzen.

Saatgut aussäen

Die schnellste Art ist die Aussaat direkt ins Freiland. Allerdings müssen Sie Verluste einkalkulieren – durch Schnecken und andere Schädlinge sowie Vögel. Die Erde, in die Sie säen wollen, sollte frei von Unkraut und Steinen und an der Oberfläche feinkrümelig sein. Vor der Aussaat gründlich wässern – wer nach dem Säen gießt, riskiert, den Samen fortzuschwemmen. Ziehen Sie dann mit einem Stöckchen parallele Saatrillen und streuen Sie die Samen hinein. Die Reihen dienen als Anhaltspunkt, wenn die Pflänzchen zu keimen beginnen: Sie erkennen die Sämlinge, weil sie in einer Linie stehen; alles andere ist Unkraut. Befürchten Sie trotzdem, Ausgesätes nicht von Unkraut unterscheiden zu können, legen Sie ein paar Samen in einen Topf mit Anzuchterde und nutzen deren zweites, „richtiges" Blattpaar (nach den Keimblättern) zur Identifizierung, wenn Sie das Blumenbeet jäten.

Keine Angst übrigens, dass das Beet später wie reglementiert erscheint – sobald die Pflanzen größer sind, sieht man nicht mehr, dass sie in geraden Reihen wachsen.

Gewöhnlich sät man im zeitigen Frühjahr aus, wenn der Boden nach der Winterzeit langsam wärmer wird. Einige Arten können Sie aber bereits im Frühherbst in die Erde bringen, bevor das Erdreich auszukühlen beginnt. Diese Pflanzen treiben dann auch eher aus. Wenn Sie die eine Hälfte im Herbst und die andere im Frühling ausbringen, können Sie sich im darauf folgenden Jahr besonders lange an blühenden Exemplaren in Ihrem Garten erfreuen.

SO SÄEN SIE RICHTIG

1 Das Saatbeet gut wässern. Anschließend mit einem Stöckchen Saatrillen in die Erde ziehen (die durchschnittliche Tiefe beträgt 1,5 cm). Zwischen den einzelnen Reihen mindestens 6 cm Abstand lassen.

2 Etwas Samen von der Handfläche dünn in die Saatrillen rieseln lassen. Bei einigen Arten können zu dicht gesäte Keimlinge später ausgedünnt werden.

3 Zuletzt die Samen vorsichtig mit Erde bedecken. Markieren Sie die Reihen mit Stöckchen mit bunten Wollfäden und notieren Sie in Ihrem Gartentagebuch oder auf einem Gartenplan, was Sie wo ausgesät haben.

Stecklinge und Steckhölzer

Man unterscheidet unverholzte Stecklinge, verholzte Stecklinge und Steckhölzer. Unverholzte Stecklinge werden im Frühjahr geschnitten (wenn der Trieb jung und eben unverholzt ist), verholzte im Sommer (wenn die Triebe ausgereift sind, aber noch weiche Spitzen haben) und Steckhölzer im Herbst. Stauden werden gewöhnlich über unverholzte Stecklinge vermehrt (s. auch S. 25. Wurzelschnittlinge).

Unverholzte Stecklinge

Wählen Sie immer Triebe ohne Knospen, da diese wesentlich schneller bewurzeln. Trennen Sie den Stängel mit einem scharfen Messer von der

Unverholzte Stecklinge *Steckling aus einem noch weichen, diesjährigen Trieb*

Verholzte Stecklinge *Steckling aus einem diesjährigen, aber bereits verholzten Trieb*

Den Pflanzenbestand vergrößern *Fuchsien bewurzeln leicht aus unverholzten Stecklingen und wachsen rasch. Besonders sparsame Gärtner stecken auch die Triebe in Erde, die man abknipst, um die Pflanze buschiger werden zu lassen.*

Mutterpflanze ab und entfernen Sie vorsichtig die unteren Blätter. Drücken Sie dann mit einem Bleistift mehrere Löcher in die vorbereitete Pflanzerde und stecken die Triebe hinein. Mehrere Stecklinge in einem Topf sind nicht nur wirtschaftlicher, „in Gesellschaft" wachsen sie auch besser an. Es ist möglich, die Triebe vorher in ein Bewurzelungshormon zu tauchen, aber zuviel davon kann den Stängel beschädigen.

Die Stecklinge gut andrücken, angießen und eine durchsichtige Plastiktüte über den Topf stülpen – so wird er zu einem Miniaturgewächshaus. Die Blätter sollten nicht an das Plastik stoßen.

Schauen Sie regelmäßig nach den Stecklingen. Sobald die ersten Wurzeln durch die Abflusslöcher

STECKLINGE SCHNEIDEN

Nehmen Sie nur Stecklinge von gesunden Pflanzen. Wählen Sie kräftige Triebe und meiden Sie Stängel mit beschädigten oder kranken Blättern. Triebe mit Knospen brauchen deutlich länger, um Wurzeln zu bilden. Als Faustregel gilt: Je frischer der Trieb, desto rascher bewurzelt er. Leider welken diese Triebe auch besonders schnell. Sie müssen ihnen also möglichst rasch optimale Bedingungen bieten. Können Sie sie nicht sofort in die Erde stecken, geben Sie sie solange in eine dicht schließende Plastiktüte. Am besten verwendet man nährstoffreiche Anzuchterde.

im Boden zu sehen sind, können Sie die Plastiktüte entfernen und die Pflänzchen in Einzeltöpfe setzen. Dies kann allerdings mehrere Monate dauern. (Siehe auch Um- und Auspflanzen, Seite 26.)

Unverholzte Stecklinge kann man auch in Wasser bewurzeln. Füllen Sie ein Glasgefäß mit Wasser und legen Sie ein Draht- oder Plastikgitter darüber, durch dessen Öffnungen die Triebe gesteckt werden. So können Sie mitverfolgen, wie die Stecklinge Wurzeln treiben.

Verholzte Stecklinge

Verholzte Stecklinge bewurzeln schneller, wenn man sie mit einem „Fuß" schneidet – einem Stückchen des Haupttriebs. Der Steckling selbst sollte mindestens 7,5 bis 10 cm lang sein. Wenn Sie Stecklinge bei Freunden oder Nachbarn holen, legen Sie sie umgehend in eine Plastiktüte und verschließen Sie diese. Lassen Sie die Triebe so lange darin, bis Sie sie einpflanzen – am besten noch am selben Tag. Vor dem Pflanzen werden die unteren Blätter entfernt. Sind die übrigen Blätter sehr groß, halbiert man sie; das senkt die Gefahr des Verwelkens. Die weiteren Schritte entnehmen Sie der Anleitung für unverholzte Stecklinge.

Stecklinge im Glas *Stecken Sie eine Hand voll Waldmeistertriebe in ein Marmeladeglas am Küchenfenster, können Sie verfolgen, wie innerhalb weniger Wochen Wurzeln austreiben. Ein Stück Hasendraht hält die Stängel an Ort und Stelle.*

STECKLINGE RICHTIG TOPFEN

1 Stecklinge möglichst sofort nach dem Schnitt in eine Plastiktüte geben und diese dicht verschließen. Erst herausnehmen, wenn der Topf vorbereitet ist.

2 Pflanzerde anfeuchten und in einen kleinen Topf füllen. Mit einem Bleistift drei oder vier Löcher in die Erde drücken und in jedes einen Steckling setzen. Zuvor die unteren Blätter entfernen.

3 Eine Plastiktüte über den Topf stülpen, damit das Pflänzchen die nötige Wärme und Luftfeuchte hat. Die Tüte mit einem Gummiring am Topfrand fixieren.

Steckhölzer

Steckhölzer werden von sommergrünen Gehölzen – wie Rosen – genommen, sobald diese im Herbst ihr Laub abgeworfen haben. Sie brauchen praktisch keine Pflege und kommen direkt ins Freiland. Mithilfe eines „Aufzuchtgrabens" schaffen Sie optimale Wachstumsbedingungen und haben alle Setzlinge im Blick. Der Graben sollte etwa 10 cm tief sein und unten etwas groben Sand enthalten. Schneiden Sie die Steckhölzer so lang, dass Sie weiche Spitzen auf knapp über einer Knospe einkürzen können. Das untere Ende wird unterhalb einer Knospe leicht schräg geschnitten. Das verbleibende Stück sollte 13 bis 15 cm messen. Stecken Sie die Hölzer in gleichen Abständen in den Graben und drücken Sie sie fest. Die Umgebung frei von Unkraut halten. Hat starker Frost den Boden gehoben, müssen die Steckhölzer wieder festgedrückt werden. Die meisten können bereits im nächsten Jahr verpflanzt werden.

STECKHÖLZER SETZEN

1 Einen Spaten etwa zwei Drittel tief in die Erde stechen und wiederholt nach vorne und hinten kippen, so dass ein schmaler V-förmiger Graben entsteht. Als Drainagehilfe etwas groben Sand in die Pflanzrille streuen.

2 Die Steckhölzer in regelmäßigem Abstand (mindestens 10 cm) setzen. Zwei Drittel der Stängellänge sollten unter der Erde liegen. Den Boden festdrücken. Nach dem Winter auf Frostschäden prüfen und ggf. nachbessern.

STECKHÖLZER SCHNEIDEN

- Steckhölzer werden am besten im Herbst oder Spätherbst geschnitten.
- Suchen Sie einen möglichst geschützten Platz für die Anzucht. Ist der Boden recht schwer, sollten Sie etwas groben Sand oder verrotteten Mist unterheben, damit für ausreichende Drainage gesorgt ist. Dies sollte mehrere Wochen vor dem Pflanzen der Steckhölzer geschehen.
- Viele Rosen lassen sich verblüffend einfach mit der Steckholzmethode vermehren. Wählen Sie Stängel, die bereits geblüht haben. Die Teilstücke sollten etwa bleistiftdick und 15 cm lang sein. Entfernen Sie vor dem Einpflanzen die Stacheln.

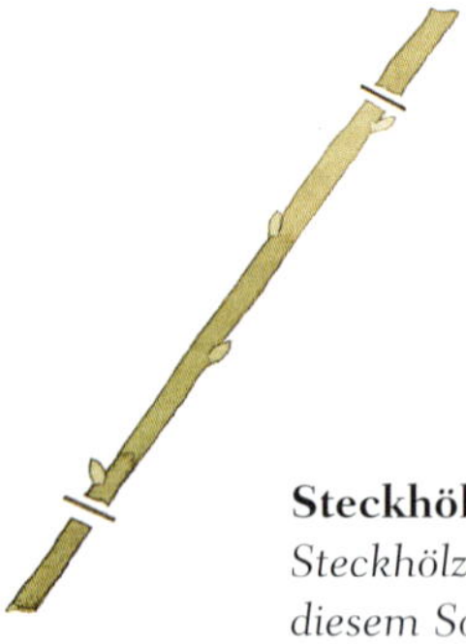

Steckhölzer
Steckhölzer sind ausgereifte, in diesem Sommer gewachsene Triebe, die nach dem Laubabwurf geschnitten werden.

Absenker

Zahlreiche Gehölze vermehren sich von selbst, indem sie an oberirdischen Trieben, die Bodenkontakt haben, Wurzeln bilden. Diese Fähigkeit kann man gezielt fördern und ausnützen.

Sträucher wie Winterjasmin (*Jasminum nudiflorum*) und Kletterpflanzen wie die Akebie (*Akebia quinata*) bilden zur Vermehrung so genannte Absenker. Machen Sie sich diese Eigenschaft zu Nutze: Wählen Sie einen langen, flexiblen Trieb aus und drücken ihn bogenförmig zur Erde. An der Stelle, wo die Rute den Boden berührt, entfernen Sie alle Blätter und fixieren sie dann mit einem hakenförmigen Draht – altmodische Haarnadeln sind ideal, aber möglicherweise nicht stark genug, den Trieb unten zu halten. In diesem Fall hilft ein Zelthering. Häufeln Sie anschließend etwas Erde über diese Stelle. (Sie können dort, wo der Zweig aufliegt, auch eine kleine Kerbe ins Holz ritzen – die „Wunde" beschleuningt die Wurzelbildung.)

Lassen Sie dem abgesenkten Trieb mehrere Monate Zeit und sehen Sie dann nach, ob er bereits Wurzeln getrieben hat, indem Sie vorsichtig etwas Erde beiseite schieben. Ist er bewurzelt, trennen Sie ihn mit einem glatten Schnitt von der Mutterpflanze und versetzen ihn an den gewünschten Ort.

Um möglichst viele Jungpflanzen zu erhalten, können Sie mehrere Ruten absenken oder einen Trieb an verschiedenen Stellen am Boden fixieren. In diesem Fall müssen zwischen den Absenkstellen nur jeweils zwei Blätter oder Knoten liegen. Die günstigste Zeit zum Absenken ist der Herbst. Bewurzelte Ableger können Sie zu jeder Jahreszeit ausgraben und verpflanzen, solange das Erdreich nicht gefroren ist.

TIPPS ZUM ABSENKEN

- Verbessern Sie den Boden, in dem ein abgesenkter Trieb Wurzeln bilden soll. Arbeiten Sie Gartenkompost oder verrotteten Mist in die Erde ein. Ist der Boden schwer – zarte Wurzeln faulen bei Nässe – hilft etwas grober Sand.

- Steht das freie Ende des abgesenkten Triebs unpraktisch in die Höhe, fixieren Sie es mit einer senkrechten Pflanzstütze. Dies mindert auch die Gefahr, dass der Bodenkontakt verloren geht.

ABSENKEN VON GEHÖLZEN

1 Einen langen, biegsamen Trieb auswählen und auf den Boden drücken. Den Zweig an der Stelle, wo er die Erde berührt, auf der Unterseite leicht einkerben. Dies kann die Wurzelbildung beschleunigen.

2 Den Trieb mit hakenförmig zurechtgebogenem Draht am Boden fixieren. Kräftige Stängel benötigen vielleicht einen Zelthering. Falls nötig, können Sie auch einen Stein darauf legen.

3 Über das abgesenkte Zweigstück etwas Erde häufeln und gut wässern. Regelmäßig gießen. Nach ca. sechs Monaten sollten sich Wurzeln gebildet haben. Sehen Sie nach, indem Sie vorsichtig etwas Erde beiseite schieben.

Pflanzen teilen

Die Teilung ist eine sichere Vermehrungsmethode für viele Pflanzen und der logischste Weg, wenn eine Art überhand genommen hat und das Beet zu dominieren droht. Bei mehrjährigen Stauden hat sie zudem den Vorteil, dass diese danach mit frischer Kraft durchtreiben und meist auch reicher blühen.

Geteilt wird gewöhnlich im Herbst, wenn sich die Pflanzen auf ihre Ruhezeit vorbereiten. Viele Arten kann man aber auch im Frühjahr teilen – neue, starke Knospen sind dann leichter zu erkennen –, wenn man entsprechend vorsichtig dabei vorgeht.

Graben Sie immer die gesamte Pflanze aus – am besten mit einer Grabegabel, die weniger Wurzeln verletzt als ein Spaten. Legen Sie sie auf ein Stück Zeitungspapier; so sieht man besser, was man tut. Kleine Wurzelstöcke lassen sich leicht mit den Händen auseinander reißen. Bei größeren braucht es etwas mehr Kraft. Leihen

TEILUNG

1 Als erstes die gesamte Pflanze ausgraben – eine Grabegabel verletzt die Wurzeln weniger als ein Spaten – und auf ein Stück Zeitungspapier legen.

2 Die Pflanze mit den Händen oder einer Kelle in kleinere Stücke teilen. Einige Arten lassen sich einfach auseinander reißen, bei anderen muss man den dichten Wurzelstock mit einem Messer trennen. Unschöne Pflanzenteile entfernen, die übrigen sofort wieder einpflanzen.

BARTIRIS TEILEN

1 Nach der Blüte zu dicht gewordene Irishorste aus der Erde nehmen und die Rhizome in Einzelstücke (jeweils mit Blättern) aufteilen.

2 Kräftige junge Stücke aussuchen und mit einem Messer in kleinere Teile schneiden. Jedes Teilstück muss Blätter und Wurzeln haben.

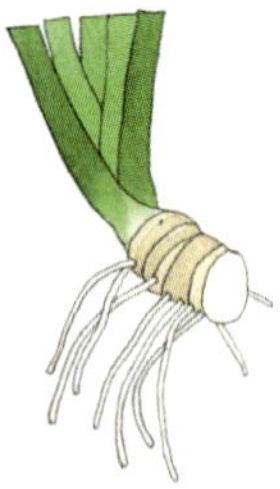

3 Blätter stutzen, damit die Pflanze nicht umfällt, bevor neue Wurzeln Halt geben. Einpflanzen (der größte Teil des Rhizoms bleibt über der Erde).

Sie sich dazu die Grabegabel Ihres Nachbarn und stecken sie Rücken an Rücken mit Ihrer eigenen mitten in die Pflanze. Drückt man nun die beiden Stiele auseinander, lockert dies die verfilzten Wurzeln, und sie lassen sich besser trennen.

Nehmen Sie Pflanzenstücke vom äußeren Rand. Das sind die jüngsten und kräftigsten. Bei alten Astern etwa oder bei Phlox können Sie den mittleren Teil guten Gewissens entsorgen. Er hat sein Soll erfüllt. Pflanzen Sie die Teilstücke möglichst sofort an dem gewünschten Standort, gießen sie gut an und wässern regelmäßig, bis sie sich richtig eingewöhnt haben. Kommt ein Teil wieder an die alte Stelle, lohnt es sich, zuvor den Boden mit verrottetem Mist anzureichern.

Für Pflanzen, bei denen dieses Verfahren etwas abgewandelt werden muss, finden Sie die entsprechenden Hinweise im Porträtteil.

Wurzelschnittlinge sind eine Alternative zur Teilung, mit der sich wesentlich mehr neue Pflanzen gewinnen lassen. Diese Methode eignet sich für Arten mit dicken, fleischigen Wurzeln wie Türkenmohn (*Papaver orientale*) und Tränendes Herz (*Dicentra formosa*). Graben Sie die Pflanze im Herbst oder an einem milden, frostfreien Wintertag aus und schütteln die Erde so weit ab, dass Sie die Wurzeln sehen. Schneiden Sie eine kräftige Wurzel ab und setzen Sie die Pflanze wieder ein. Merken Sie sich aber, wo bei dem abgetrennten Wurzelstück oben und unten war! (Eine Möglichkeit ist, das obere Ende gerade, das untere schräg abzuschneiden.) Nun wird die Wurzel in kleinere, 5 bis 7,5 cm lange Teilstücke geschnitten (ebenfalls oben und unten markieren). Alle Stücke richtig herum so in einen Topf setzen, dass das obere Ende bündig mit der Erde abschließt. Streuen Sie etwas Sand darüber und stellen Sie den Topf in ein Frühbeet oder mit einer Plastikhaube versehen an eine geschützte Stelle.

Bis zum Sommer sind die Schnittlinge gut bewurzelt, haben Blätter getrieben und können zunächst in Einzeltöpfe umgepflanzt werden, bevor sie im Herbst ins Freiland kommen.

WURZELSCHNITTLINGE

1 Mit einem scharfen Messer eine (!) kräftige, etwa bleistiftdicke Wurzel abtrennen. Die Pflanze wieder einsetzen.

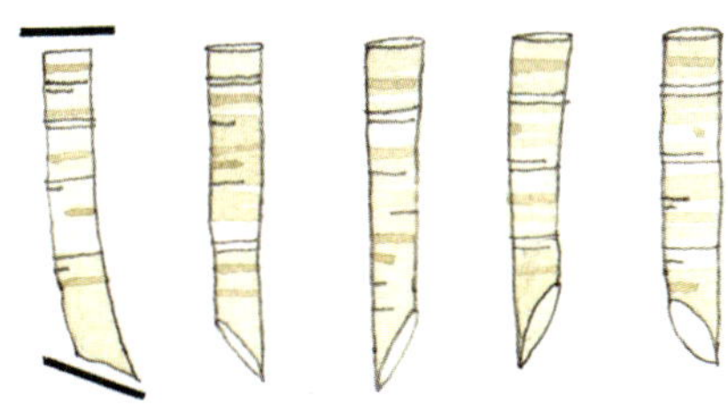

2 Die Wurzel in mehrere 5 bis 7,5 cm lange Einzelteile zerschneiden. Oben gerade abschneiden, unten angeschrägt.

3 Vier oder fünf Schnittlinge richtig herum und oberseits bündig mit dem Substrat in einen Topf mit Anzuchterde stecken.

4 Mit einer dünnen Schicht grobem Sand abdecken und den Topf in ein Frühbeet stellen oder mit einer Pflanzglocke abdecken.

Um- und Auspflanzen

Durch Teilung gewonnene Pflanzen können normalerweise sofort an ihren neuen Standort gesetzt werden. Ihre Pflege beschränkt sich auf ausreichendes Wässern im Falle von Trockenheit sowie – wenn es sich um kleine Exemplare handelt – ein wachsames Auge, damit sie nicht überwuchert werden. Standen die geteilten Pflanzen in vollem Laub, können Sie ihnen das Anwachsen erleichtern, wenn sie einige Blätter entfernen (dann müssen die Wurzeln weniger „arbeiten").

Stecklinge

Aus Stecklingen und Steckhölzern gezogene Pflanzen brauchen mehr Aufmerksamkeit. Sie gehen häufig im bunten Allerlei einer Rabatte unter, und noch nicht beblätterte Steckhölzer können sogar mit einfachen Markierstäben verwechselt und versehentlich herausgezogen werden (s. S. 21, Anleitung für einen Aufzuchtgraben). Kleinere unverholzte Stecklinge sind anfällig für Verwelken und benötigen ein geschütztes Umfeld. Am besten kultiviert man sie in beschrifteten Töpfchen in einem schattigen Frühbeet, das im Sommer mehr oder weniger offen bleiben kann, im Herbst und Winter aber zugedeckt sein muss.

Haben Sie keinen Platz für ein Frühbeet (s. S. 14), reicht es im Sommer aus, eine durchsichtige Plastiktüte über den Topf zu stülpen. Der Kunststoff darf die Blätter jedoch nicht berühren. Ein Gummiring dicht unter dem Topfrand hält die Tüte fest. So entsteht ein Miniaturgewächshaus mit kontrollierter Temperatur und Luftfeuchtigkeit. Stellen Sie Töpfe mit Stecklingen nach Möglichkeit an ein Nordfenster in einen Raum, wo Sie sie täglich sehen und damit jeden Wachstumsfortschritt genau beobachten können.

Ob im Frühbeet oder auf der Fensterbank: Sobald die Stecklinge Wurzeln gebildet haben und kräftig wachsen, werden sie vorsichtig getrennt und erhalten jeweils einen Einzeltopf. Sie können sie in einem ungeheizten Raum überwintern – eine Plastikabdeckung ist nicht mehr nötig – oder ins Frühbeet zurücktun. Oder Sie stellen sie in eine geschützte Gartenecke und isolieren die Töpfe mit Luftpolsterfolie und einer Lage Stroh. Einfacher ist es allerdings, aus einer Kiste und einer Plexiglasscheibe ein Mini-Frühbeet zu bauen.

STECKLINGE AUSPFLANZEN

1 Eingetopfte Stecklinge immer regelmäßig kontrollieren. Stoßen die ersten Wurzeln durch eines der unteren Abflusslöcher, ist es so weit: Die Pflänzchen können in Einzeltöpfe umgesetzt werden.

2 Vorsichtig die zarten Wurzeln trennen und die Stecklinge jeweils in einen eigenen Topf pflanzen. Von nun an sollten sie auch ohne Plastikhäubchen gut weiterwachsen. Lassen Sie sie aber noch am Fensterbrett oder im Frühbeet.

Naturnah
Sämlinge von Goldmohn (Eschscholzia californica) mögen es nicht, wenn man sie umsetzt. Freuen Sie sich also an den zauberhaft leuchtenden Blüten, wo immer die Pflanzen von selbst in Ihrem Garten aufgehen.

Selbst gezogene Sämlinge ins Freiland setzen

Die meisten selbst ausgesäten Pflanzen überstehen den Umzug an einen neuen Standort im Garten ohne nennenswerte Verluste. Wenn man sie gegen Abend pflanzt, haben sie über Nacht ein bisschen Erholungszeit, bevor die Temperaturen am folgenden Tag wieder ansteigen. Wässern Sie sie vor dem Auspflanzen noch einmal gründlich und nehmen Sie sie dann, mit möglichst viel Erde, vorsichtig aus dem Topf (eine kleine Gabel mindert dabei die Gefahr, die Wurzeln zu verletzen). Das neue Pflanzloch so groß ausheben, dass der Wurzelballen bequem Platz hat. Gießen Sie reichlich Wasser in das Loch, setzen Sie das Pflänzchen hinein, dann füllen Sie ringsum mit Erde auf und drücken alles fest. Machen Sie um den Stängel herum eine kleine Vertiefung, damit das Wasser beim Gießen zu den Wurzeln fließt. Mit gut temperiertem Wasser angießen – am besten aus der Regentonne oder einem Eimer, der mehrere Stunden in der Sonne stand. Ausgepflanzte Sämlinge brauchen regelmäßige Wassergaben, bis sie ein richtiges Wurzelssystem gebildet haben.

Bei Sämlingen, die Umpflanzen nicht vertragen, ist dies im Pflanzenporträt erwähnt. Dazu gehören: Jungfer-im-Grünen (*Nigella damascena*), Goldmohn (*Eschscholzia californica*) und Mandelröschen (*Clarkia unguiculata*).

SÄMLINGE VERZIEHEN UND VERPFLANZEN

Wachsen selbst ausgesäte Sämlinge an einer Stelle zu dicht, sollte man den Abstand zwischen den Einzelpflanzen vergrößern, indem man einige herauszieht. Man nennt dies „verziehen“. So bekommen alle mehr Licht, Luft und Nährstoffe. Wer die nötige Zeit und Geduld hat, kann Sämlinge zweimal verziehen. Das erste Mal, nach Erscheinen des ersten „echten“ Blattpaars nach den Keimblättern, ist zwar recht knifflig. Doch selbst diese Winzlinge lassen sich mit einigem Erfolg an einen anderen Standort verpflanzen. Bei diesem Arbeitsgang werden auch schwache und unschöne Exemplare entfernt. Wässert man den Boden vor Arbeitsbeginn, geht das Herausziehen leichter. Die zweite Ausdünnungsaktion erfolgt, wenn die Sämlinge zu kleinen Pflänzchen herangewachsen sind. Wollen Sie mehrere verpflanzen, legen Sie sie bis zum Wiedereinsetzen in eine Plastiktüte, damit sie nicht welken. Sämtliche Hinweise gelten auch für Sämlinge, die Sie ausgesät haben.

Schnecken

Nacktschnecken lieben zarte junge Pflänzchen und gehören zu den schlimmsten Plagen des Gartenbesitzers. Hier einige Tipps, die Schäden zumindest in Grenzen zu halten:

Schützen Sie Sämlinge und kleine Pflänzchen mit einer improvisierten Pflanzglocke (s. S. 14). Achten Sie aber darauf, nicht versehentlich eine Schnecke mit einzusperren, wenn Sie die Pflanzglocke über die Pflanze stülpen. Kleine Nacktschnecken sind echte Tarnkünstler und verstecken sich gekonnt unter Blättern oder direkt unter der Erdoberfläche.

Miniatur-Pflanzglocke *Eine auseinander geschnittene große Kunststoffflasche kann junge Pflänzchen vor Schneckenfraß schützen. Sind die Pflanzen einmal größer und kräftiger, verkraften sie das eine oder andere angefressene Blatt.*

Zu den traditionellen Vorbeugungsmaßnahmen zählt die Errichtung von Barrieren, die Schnecken ungern überqueren – aus zerstoßenen Eierschalen, Holzasche, reinem Sand etc., scharfkantige Materialien also, die die weichhäutigen Schnecken (theoretisch) scheuen. Eine andere Möglichkeit sind Bierfallen, in die die Schnecken hineinkriechen und ertrinken. Grapefruitschalen oder alte, modrige Bretter bieten den Tieren Unterschlupf. Sie können diese dann einfach umdrehen und die Schnecken absammeln. Neueren Datums ist eine umweltfreundliche Variante des Schneckenkorns, die für Haustiere und Gartennützlinge vollkommen unschädlich ist. Es handelt sich um eine natürliche Eisenverbindung, die die Schnecke aufnimmt und daraufhin das Fressen einstellt und eingeht. Zusätzlicher Vorteil: Bei Zersetzung der Körner erhält der Boden eine Phosphat- und Eisengabe.

Gießen Sie, wenn es sich irgendwie vermeiden lässt, niemals am Abend. Das lockt die nachtaktiven Tiere in hellen Scharen heran, und am nächsten Morgen können Sie nur noch die Schäden begutachten.

Am besten kombinieren Sie mehrere der genannten Methoden. Wenn es um Schnecken geht, ist alles einen Versuch wert.

Schutzwall *Ein Ring aus zerstoßenen Eierschalen kann Pflanzen vor Fraßschäden durch Schnecken schützen, muss aber täglich kontrolliert und ggf. ausgebessert werden. Starker Regen und Vögel, die darin herumpicken, zerstören die Barriere.*

Schneckenfalle *Schnecken, die tagsüber Schutz vor der Sonne suchen, verkriechen sich gern unter Grapefruitschalen. Wenn Sie die Fallen abends regelmäßig kontrollieren, können Sie die gefräßigen Plagegeister absammeln und entsorgen.*

BLATTLÄUSE IN SCHACH HALTEN

Offenbar ist es tatsächlich so, dass man Blattläuse besiegen kann – sofern man nur rechtzeitig genug damit beginnt. Natürlich hängt es auch von der Größe Ihres Gartens ab, aber wenn Sie jedes Mal, wenn Sie an einer Rose vorbeikommen, die ersten paar Läuse von den Knospen abstreifen, können die saugenden Insekten gar nicht erst richtig Fuß fassen. Wollen Sie nicht die Finger benutzen, nehmen Sie einen Pinsel, den Sie immer wieder in einem Glas Wasser ausspülen.

Mehltau

Mehltau ist eine weit verbreitete Pilzerkrankung, die vor allem in schwülwarmen Sommern auftritt und die Blätter mit einem grauweißen mehligen Belag überzieht. Es kann helfen, alle Blätter radikal zurückzuschneiden. (Kranke Blätter gehören übrigens keinesfalls auf den Kompost, sondern in den Hausmüll!) Mit etwas Glück wächst innerhalb weniger Wochen neues gesundes Laub nach.

Rost

Eine weitere Pilzerkrankung, die u. a. Stockrosen (*Alcea rosea*), Bartnelken (*Dianthus barbatus*) und Minzen (*Mentha* ssp.) befällt und hässliche rostrote Flecken auf den Blättern hinterlässt. Sobald Sie diese entdecken, entfernen Sie die kranken Blätter und vernichten sie. Dies kann ausreichen, sofern der Rost nicht wirklich Fuß fasst. Nimmt die Infektion überhand, müssen Sie sich ein Herz fassen und die ganze Pflanze ausgraben und entsorgen. Neue Pflanzen derselben Art setzt man besser an einen anderen Platz.

Sternrußtau

Dieser Pilz, der runde schwarzbraune Flecken auf Blättern und Stängeln, gelbe Blätter und anschließenden Laubabwurf verursacht, bereitet vielen Rosenfreunden Kummer. Er schwächt die Pflanze und sieht in jedem Fall hässlich aus. Sammeln Sie infizierte Blätter im Herbst auf und vernichten Sie sie, damit der Pilz nicht überwintert. Halten Sie im Frühjahr Ausschau nach befallenen Trieben und schneiden Sie sie sofort ab.

MEHLTAUBEFALL BEKÄMPFEN

1 Lungenkraut (*Pulmonaria officinalis*) wird bei Mehltaubefall rasch unansehnlich. Die beste Lösung für diese und andere ähnlich betroffene Pflanzen ist ein radikaler Rückschnitt bis auf Bodenhöhe. Alle kranken Blätter aufheben und entsorgen.

2 Anschließend die Pflanze gründlich gießen. Innerhalb weniger Wochen sollten die ersten neuen – krankheitsfreien – Triebe sichtbar werden. Diese Methode empfiehlt sich für alle unschön gewordenen Pflanzen, die Mitte des Sommers ihre Glanzzeit hinter sich haben.

KOSTENLOS EINEN GARTEN ANLEGEN

Gartengestaltung

Wie Sie einen Garten für möglichst wenig Geld gestalten, hängt ganz von den Umständen ab. Handelt es sich um ein kahles Stück Land rund um einen Neubau, werden Sie sich schwer in Schulden bei Freunden und Nachbarn stürzen müssen, die Ihnen allerdings bestimmt gerne Ableger ihrer Lieblingspflanzen überlassen. Übernehmen Sie einen bereits angelegten Garten, gibt es darin gewiss Stellen, die Sie umgestalten oder üppiger bepflanzen möchten.

Wer in seinen Garten zahlreiche Ableger pflanzt, schafft damit automatisch einen Garten der Erinnerungen und Souvenirs – Maiglöckchen (*Convallaria majalis*) aus dem Stück bei Großmutters Gartenhaus, Rosmarin (*Rosmarinus officinalis*) von dem Haus, in dem Sie Ihre Kindheit verbrachten, und magentarote Astern (*Aster novi-belgii*), deren leuchtende Blütenpracht Sie jeden Herbst an den englischen Cottagegarten erinnert, wo Sie vor Jahren Urlaub machten.

Grün im Nu

Ein noch nacktes Stück Land muss dagegen möglichst rasch begrünt werden. Hier kommen folglich besonders kräftig wachsende Arten zum Einsatz. Verwenden Sie invasive Pflanzen wie den imposanten Ockerfarbigen Federmohn (*Macleaya microcarpa*), der mannshoch wird, schöne weinlaubähnliche Blätter trägt und einen hervorragenden Sichtschutz bildet. In seinem Schatten haben kleinere, langsamer wachsende Stauden Gelegenheit, sich in Ruhe zu entfalten. Nach ein paar Jahren dann kann er in den Hintergrund treten und letzteren die Bühne überlassen.

In die Höh *Die graufilzigen Blätter und hohen, mit kleinen gelben Blüten besetzten Rispen der Nachtkerze* (Verbascum thapsus) *setzen vertikale Akzente.*

Symphonie der Formen und Farben
Rittersporn (Delphinium ssp.) lässt sich gut teilen, und die neuen Pflanzen wachsen in der Regel rasch an und bilden größere Bestände. Als wunderschöne Farbtupfer bereichern die imposanten Blütentriebe hohe Staudenrabatten. Der zartviolette Mohn im Vordergrund sät sich von selbst aus.

Weitere schnellwüchsige Pflanzen, die zudem hoch werden, sind Königskerze (*Verbascum thapsus*), Nachtkerze (*Oenothera biennis*), Fingerhut (*Digitalis purpurea*) und Stockrose (*Alcea rosea*). Alle Genannten sind Zweijährige; wenn Sie es eilig haben, müssen Sie „ältere" Exemplare finden, die bereits in diesem Sommer zur Blüte kommen.

Einjährige spielen in diesem Kontext ebenfalls eine wichtige Rolle, insbesondere Arten, die innerhalb weniger Monate von Null auf (mindestens) 50 Zentimeter wachsen und dann bis zum ersten Frost ein farbenfrohes Blütenschauspiel liefern. Die Bechermalve (*Lavatera trimestris*) z. B. erreicht rasch stattliche Größe und schmückt Ihren Garten mit einer Fülle großer, becherförmiger Blüten in Zartrosa oder Weiß. Investieren Sie ein paar Euro in Samentütchen – oder vielleicht haben ja auch Freunde oder Verwandte im letzten Jahr Saatgut gesammelt, von dem sie Ihnen nun etwas abtreten –, und Sie haben möglicherweise ein Leben lang dekorative Einjährige im Garten. Auch Vergissmeinnicht (*Myosotis sylvatica*), Kapuzinerkresse (*Tropaeolum majus*), Ringelblume (*Calendula officinalis*), Jungfer-im-Grünen (*Nigella damascena*) und Mandelröschen (*Clarkia unguiculata*) säen sich, vorausgesetzt, das Klima stimmt und sie fühlen sich wohl, Jahr für Jahr selbst aus. Kapuzinerkresse wirkt übrigens besonders schön, wenn Sie sie an einer Pyramide aus Hasel- oder Weidenruten emporranken lassen.

Zierpflanze oder Unkraut?

Einige der Pflanzen des Porträtteils werden manche Gärtner zweifelsohne als Unkraut einstufen. Kein Wunder – schließlich wurden sie aufgrund der Kriterien ausgewählt, die man gewöhnlich auch Unkräutern zuordnet: Sie breiten sich rasch aus, fallen ins Auge, und vermehren sich von selbst. Sie müssen also für sich entscheiden, was Sie für Unkraut halten, und dementsprechend auswählen, welche Pflanzen Sie als Bereicherung und welche Sie als störend empfinden.

Viel hängt natürlich davon ab, wie sich eine Spezies im Mikroklima Ihres Gartens verhält. So kann ein und dieselbe Art an einer schattigen, trockenen Stelle leicht unter Kontrolle zu halten sein, in nahrhafterer Erde aber stark wuchern.

Wenn Sie Ableger verschenken, weisen Sie immer darauf hin. So könnten Sie eine sehr wüchsige Glockenblume mit den Worten fortgeben: „Vielleicht wäre das etwas für die problematische Böschung neben eurer Auffahrt? Das ist ein rasch wachsender Bodendecker." Oder wenn Sie jemandem Ananasminze anbieten: „Setz die nicht neben deine kostbaren gefüllten Schlüsselblumen, es sei denn, du pflanzt sie in einen Eimer ohne Boden."

Wuchernde Arten in Schach halten

Fangen Stauden und Sträucher einmal an, sich richtig auszubreiten, kann es notwendig werden, besonders wuchs- und vermehrungsfreudige Pflanzen zu bremsen. Das gilt insbesondere für Arten, die Sie zur raschen Begrünung gepflanzt haben und die sich über (Wurzel-)Ausläufer verbreiten, aber auch, wenn Sie eine starkwüchsige Spezies gerne im Garten hätten, jedoch nur wenig Platz zur Verfügung steht. Es gibt viele Möglichkeiten, beschränkend auf Pflanzen einzuwirken; man muss nur rechtzeitig tätig werden.

Minzen (*Mentha* ssp.) etwa breiten sich sehr rasch aus und überwuchern dabei andere Pflanzen. Das können Sie verhindern, indem Sie sie in ein Gefäß ohne Boden setzen, dessen oberer Rand mit dem Erdreich abschließt. Nach ein paar Jahren wird es zwar wahrscheinlich nötig, die Staude auszugraben und zu teilen, da sie sich nicht gerne einengen lässt und an Wuchskraft verliert, aber gewuchert ist sie nicht.

Auch bei größeren Arten hilft es, die Wurzeln im Zaum zu halten. Da dies unterirdisch geschieht, stört es die Optik nicht. Sie müssen nicht einmal besonders tief graben. Verwenden Sie, was immer Sie zur Hand haben – alte Dachziegel, Holzbretter o. ä. – und bauen Sie einen unsichtbaren „Käfig" für die Pflanze.

Natürlich können Sie auch erst dann eingreifen, wenn die Sache außer Kontrolle zu geraten droht. Um Arten wie der Lampionblume (*Physalis alkekengi*) Einhalt zu gebieten, stechen Sie mit einem Spaten ab, wo der Bestand aufhören soll, und jäten alle Wurzeln und Triebe außerhalb dieser Zone. Im schlimmsten Fall müssen Sie eben einen Fehler eingestehen und sämtliche Pflanzen der lästig gewordenen Spezies ausgraben und entsorgen.

Übereifrige Selbstaussamer

Pflanzen aussamen zu lassen, ist ein einfacher Weg, einen Garten zu begrünen. Doch höchstwahrscheinlich kommt irgendwann der Tag, an dem es Ihnen reicht. Füllt Frauenmantel (*Alchemilla mollis*) die gesamte Rabatte und drängen Mutterkraut (*Tanacetum parthenium*) und Lerchensporn (*Corydalis lutea*) schon zwischen den Pflastersteinen hervor, haben Sie mehrere Möglichkeiten.

Am einfachsten ist, die Blütenstände abzuschneiden, bevor sie Samen ansetzen. Warten Sie, bis die Blüten zu welken beginnen, oder schneiden Sie üppige Sträuße für die Vase.

Eine andere Option besteht darin, Jungpflanzen ausfindig zu machen und auszugraben (und damit Freunde und Verwandte zu beglücken oder sie auf einem Pflanzenflohmarkt zu verkaufen). Ist bereits die ganze Nachbarschaft mit einer bestimmten Art überschwemmt, hilft oft nur noch radikales Jäten. Andererseits spricht auch einiges dafür, solche Spezies weitläufige Farbteppiche bilden zu lassen, denn diese besitzen einen ganz anderen optischen Reiz als ein paar vereinzelte Pflanzen hier und dort.

Blütenteppich *In manchen Fällen können so genannte invasive Pflanzen überaus dekorativ eingesetzt werden. Hier breiten Buschwindröschen* (Anemone nemorosa) *und der Scheinmohn* Meconopsis cambrica *auf dem trockenem Waldboden einen zauberhaft blühenden Teppich aus.*

Bodendecker

Viele der im Porträtteil aufgeführten Pflanzen (s. S. 42–141) sind Bodendecker. Das heißt, sie wachsen in relativ kurzer Zeit zu einem dichten Teppich zusammen, in dem Unkraut kaum mehr eine Chance hat. Ausgesprochen wuchskräftig, lassen sie sich, wenn in einer Rabatte zusammengepflanzt, nicht von anderen Arten unterdrücken. Winterharte Storchschnäbel (*Geranium* ssp.), Kriechender Günsel (*Ajuga reptans*), Waldmeister (*Galium odoratum*), niedrig bleibender Beinwell (*Symphytum ibericum*), Funkien (*Hosta* ssp.) und Matten bildende Glockenblumen (*Campanula* ssp.) – sie alle breiten sich rasch aus und formen eine Decke aus Blättern und Blüten, durch die bald kein Stückchen Erde mehr durchscheint. Es lohnt sich allerdings, Lücken für frühlingsblühende Zwiebelblumen, Einjährige wie Vergissmeinnicht (*Myosotis sylvatica*) sowie Stauden wie Nieswurz (*Helleborus* ssp.) und Pfingstrose (*Paeonia* ssp.) zu lassen. Ergänzen Sie auch Fingerhüte (*Digitalis purpurea*) und Pfennigkraut (*Lysimachia vulgaris*), die im Sommer Farbe ins Spiel bringen.

Winterharte Storchschnabel-Arten verdienen besondere Empfehlung, da einige ihr Laub auch im Winter behalten. Andere färben sich im Herbst bunt ein, und selbst die Samenstände wirken mit ihren langen „Schnäbeln" außerordentlich dekorativ.

Eine solche Rabatte ist ausgesprochen pflegeleicht. Sie müssen nur gelegentlich eingreifen und beispielsweise den Beinwell in seine Schranken weisen. Werden andere Arten zu groß, graben Sie die Pflanzen aus und teilen sie. Doch auch diese Arbeiten sind höchstens alle paar Jahre fällig. Die restliche Zeit können Sie sich einfach entspannen und Ihren grünen Garten genießen.

Und noch ein Tipp: Setzen Sie Ableger bzw. die „übrige" Hälfte geteilter Pflanzen an einer anderen Stelle des Gartens in ähnlicher Kombination ein. So wirkt das Gesamterscheinungsbild einheitlich und in aller Regel auch großzügiger.

Blaues Blütenmeer
*Lassen Sie Vergissmeinnicht (*Myosotis sylvatica*), wie hier, eine größere Fläche besiedeln. Oder setzen Sie sie zwischen höhere Pflanzen, damit sie deren Stämme wie zartblauer Nebel umwaben.*

Frühlingsboten
Schneeglöckchen, Miniaturnarzissen, Palmwedel-Nieswurz und Frühlingsalpenveilchen fügen sich zu einer zartfarbigen Komposition, die den Frühling einläutet. Ein paar Wochen später sind die Schneeglöckchen verblüht, und die dekorativen Blattschöpfe der Nieswurz gewinnen an Dominanz.

Selbstaussamende Pflanzen

Seit Urzeiten wird in der Gärtnerszunft darüber diskutiert, ob bzw. welche Pflanzen „sortenrein" aussamen. Kurz gesagt geht es dabei darum, ob Sämlinge den Elternpflanzen in Blütenfarbe und Blattmuster gleichen. In einem formalen Garten oder einem mit sorgfältig geplanten Farbfeldern spielt diese Frage in der Tat eine wichtige Rolle. Bei naturnahen Gärten hingegen ist sie weniger relevant.

Wenn Sie Tütchensamen bei namhaften Katalogfirmen oder in der Gärtnerei kaufen, kommen die Pflanzen in der Regel genauso wie beschrieben. Lassen Sie diese Blumen dann jedoch selbst Samen ansetzen, werden die bestäubenden Bienen Pollen aus Nachbargärten einbringen, und die nächste Generation kann bedeutend anders ausfallen. Hatten Sie beispielsweise anfangs rosafarbene Stockmalven (*Alcea rosea*), seien Sie nicht überrascht, wenn die selbst ausgesäten Pflanzen des folgenden Jahres Blüten tragen, die deutlich heller sind oder gar ins Aprikosengelbe gehen. Vergissmeinnichtsamen (*Myosotis sylvatica*) werden immer nur Vergissmeinnicht hervorbringen, aber deren Flor könnte ein blasseres Blau oder auch Zartrosa zeigen, während die Nachkommen einer Jungfer-im-Grünen (*Nigella damascena*), der man die Selbstaussaat erlaubt hat, wunderschöne, ganz unterschiedlich intensive Blautöne aufweisen.

Bei Gattungen wie dem Rittersporn (*Delphinium*) gibt es viele verschiedene Arten und Sorten. Einige Arten und bestimmte Sorten produzieren Samen, aus denen den Eltern ähnliche Pflanzen hervorgehen; viele tun dies nicht. Wollen Sie solche Exemplare sortenrein vermehren, müssen Sie es auf „vegetativem" Wege tun – also ein Triebstück oder ein Wurzelstück von der Elternpflanze abnehmen und dieses in die Erde stecken, damit es Wurzeln bildet. Nur so haben Sie die Garantie auf Jungpflanzen, die untereinander gleich und eine identische Kopie ihrer Vorfahren sind.

Wilde Sommerblumen
*Eine Mischung blühfreudiger Selbstaussamer – margeritenblütiges Mutterkraut (*Tanacetum parthenium*), leuchtend rote Lichtnelken (*Lychnis coronaria*) und Jungfer-im-Grünen (*Nigella damascena*) – dürfen sich hier ausbreiten.*

Farbvarianten
*Viele Züchtungen stammen vom gewöhnlichen Roten Fingerhut (*Digitalis purpurea*) ab. Wundern Sie sich also nicht, wenn Nachkömmlinge einer bestimmten Sorte nach ein paar Generationen wieder das klassische Rot aufweisen. Umgekehrt bringt die Art aber auch von sich aus Variationen in Weiß oder Blassrosa hervor.*

PFLANZENPORTRÄTS

BENUTZER-HINWEISE

DIE PFLANZEN DES nachfolgenden Porträtteils sind in alphabetischer Reihenfolge nach ihrem wissenschaftlichen (lateinischen) Namen aufgeführt. Wenn Sie eine bestimmte Art nachschlagen, vergessen Sie nicht, die hintere Umschlagklappe auszuklappen. Darauf finden Sie den Schlüssel für die Symbolleiste, die Sie direkt unterhalb des gängigen deutschen Namens sehen. Diese Symbole zeigen Ihnen auf einen Blick, was Sie über die entsprechende Pflanze wissen sollten, bevor Sie sie in Ihren Garten setzen – wie winterhart sie ist, ob sie einen sonnigen oder schattigen Standort bevorzugt, wie hoch und breit sie wird, wann sie blüht und ob sie duftet oder nicht.

Jedes Porträt enthält eine Kurzbeschreibung der Pflanze und in manchen Fallen Informationen über nahe verwandte Arten, die sich ähnlich leicht heranziehen und vermehren lassen und somit ebenfalls für Sie in Frage kommen könnten. Darauf folgen Hinweise zu Standort und Vermehrung sowie ein paar praktische Pflegetipps.

Ajuga reptans

Kriechender Günsel

ZONE 3–10 | 15 cm | 45 cm

Eine anspruchslose Pflanze mit hübschen Blattrosetten, aus deren Mitte kleine, indigoblaue Blütenähren wachsen. Der Kriechende Günsel ist eine Wildpflanze und ideal für naturnahe Gärten, wo er auch schattige Stellen begrünt. Frischgebackene Gartenbesitzer schätzen ihn als Bodendecker, der nackte Erde rasch besiedelt. Aus der ursprünglichen Wildart wurden verschiedene Sorten herausgezüchtet, darunter solche mit panaschiertem, braunem oder metallisch schimmerndem Laub bzw. rosafarbenen oder weißen Blüten. Genau das Richtige, wenn Sie einen schnellwüchsigen Bodendecker brauchen.

STANDORT

Gedeiht in der Sonne oder im Schatten auf fast allen Böden. An sonnigen Standorten blüht er früher und reichlicher, und einige der buntlaubigen Sorten brauchen Sonne, um ihre Färbung zu behalten.

VERMEHRUNG

Jede Pflanze treibt Ausläufer, die bei Bodenkontakt von selbst Wurzeln bilden. Man trennt sie einfach ab, indem man die Verbindung zur Mutterpflanze mit der Schere durchschneidet. Dann den Ableger ausgraben und an den gewünschten neuen Standort setzen.

PFLEGE

Kriechender Günsel ist eine ausgesprochen pflegeleichte Staude. Besonders gut gedeiht er, wenn man einmal jährlich durchgesiebten Kompost oder Laubmulch darüber streut und die Pflanzen bei lang anhaltender Hitze und Trockenheit gießt. Als guter Bodendecker kann er Unkraut in Schach halten und nimmt selten überhand.

Lassen Sie Kriechenden Günsel von sich aus schattige Stellen kolonisieren oder unterstützen Sie seine Verbreitung, indem Sie Ableger nehmen und an anderen Standorten einpflanzen.

Akebia quinata

Fingerblättrige Akebie

Die zu Unrecht kaum bekannte Gattung *Akebia* umfasst drei Arten, allesamt dekorative Schlingsträucher. Die Blüten der Fingerblättrigen Akebie verströmen zarten Duft. Sehr selten tragen Akebien im Herbst Früchte, die denen der Fuchsie gleichen – winzige, purpurviolette „Gürkchen".

STANDORT

Akebien bevorzugen Sonne, vertragen aber auch Halbschatten und können sogar an einer geschützten Nordwand gedeihen.

VERMEHRUNG

Nicht abgestützte Ranken, die am Boden liegen, treiben in gewissen Abständen Wurzeln. Nutzen Sie diese natürliche Tendenz der Pflanze, Absenker zu bilden. Trennen Sie die Triebe zwischen den bewurzelten Teilen mit einer Schere durch und topfen Sie sie ein. Wer mag, kann auch im Sommer Stecklinge nehmen, aber die erstgenannte Möglichkeit ist einfacher.

PFLEGE

Akebien brauchen eine Kletterhilfe – entweder aus Holz oder Spanndrähten. Notfalls nehmen sie sogar mit der Wäscheleine vorlieb. Dann müssen Sie allerdings damit rechnen, bald keinen Platz mehr für Ihre Wäsche zu haben.

Der dekorative Schlinger begrünt rasch Zäune und Pergolen. Die hübschen Blüten erscheinen im Frühjahr.

Alcea rosea

Stockrose

ZONE 3–9 | 3 m | 60 cm

Die Stockrose, eine der ältesten Bauerngartenpflanzen überhaupt, schmückt sich vom Frühsommer bis in den Herbst hinein mit rosafarbenen, weißen, gelben oder braunroten malvenähnlichen Blüten. Sind Ihre Pflanzen nicht übermäßig von Rostpilz befallen, können die hohlen Stängel den ganzen Winter über stehen bleiben. Die Vögel freuen sich darüber. Aus der Art *Alcea rosea* wurden viele Sorten gezüchtet, darunter wunderschöne gefüllt blühende und solche mit gefransten Blütenblättern oder großen Blütenpompons. Die in der Ukraine heimische *A. rugosa* trägt gelbe Blüten und behaarte Blätter.

STANDORT

Stockrosen mögen es warm, sonnig und windgeschützt. Am besten gedeihen sie in gut durchlässigem Boden, in den verrotteter Mist eingearbeitet wurde. Da sie an die 3 m hoch werden, ist eine unauffällige Stütze (z. B. grün lackierte Bambusstäbe) nützlich.

VERMEHRUNG

Stockrosen säen sich reichlich aus, und beide genannten Arten kreuzen sich zu zauberhaften Farben. Aus der Kombination zwischen einer rosafarbenen *A. rosea* und der gelben *A. rugosa* können wunderschöne Apricottöne entstehen.

PFLEGE

Stockrosen sind anfällig für Rost, eine Pilzerkrankung, bei der das Laub von hässlichen rostroten Flecken verunstaltet wird. Schneiden Sie befallene Blätter möglichst frühzeitig ab. Außerdem hilft es, die Pflanzen als Zweijährige zu halten: Graben Sie sie nach der Blüte aus und werfen Sie sie weg (nicht auf den Kompost!). Die Selbstaussaat sorgt dafür, dass im nächsten Jahr neue nachwachsen.

Die gelb blühende* Alcea rugosa *scheint etwas weniger anfällig für den gefürchteten Rostpilz.

Alchemilla mollis

Frauenmantel

ZONE 4–8 · 45 cm · 50 cm

Die winzigen gelbgrünen Blüten des Frauenmantels sind bei Gartenfreunden und Floristen gleichermaßen beliebt. Sie erscheinen im Frühsommer und halten praktisch ewig. Überaus dekorativ sind auch die Blätter, die aufgefalteten Fächern gleichen und auf denen oft schimmernde Tau- oder Regentropfen sitzen. Voll geöffnet sind die Blätter nahezu rund, dabei aber leicht gelappt oder gefingert. Eine Pflanze, die niemand sollte kaufen müssen – irgendjemand in der Nachbarschaft kann Ihnen garantiert Samen oder Ableger überlassen.

STANDORT

Frauenmantel gedeiht in der Sonne und im Schatten und stellt keine besonderen Ansprüche in puncto Bodenqualität. Die Rosetten bildenden Stauden wachsen horstartig und machen sich gut als Rabattenabschluss. Auch als Begrenzung für Wege und Terrassen geeignet, da sie mit ihren sanft überhängenden Trieben starre, gerade Ränder auflockern.

VERMEHRUNG

Frauenmantel sät sich selbst aus, und wo es der dekorativen Staude behagt, gehen jede Menge Jungpflanzen auf. Ist dies nicht in Ihrem Sinn, und Sie hätten sie lieber an einer anderen Stelle, können Sie sie ganz einfach ausgraben und versetzen. Auch durch Teilung lässt sich Frauenmantel vermehren.

PFLEGE

Reicht Ihnen Ihr Bestand an Frauenmantel, schneiden Sie einfach die Blüten ab, bevor sie Samen ansetzen. Wer gerne bastelt, kann die geschnittenen Stängel an einem warmen und trockenen Platz aufhängen und später für Trockenblumensträuße verwenden.

Frauenmantel trägt den ganzen Sommer über eine Fülle gelbgrüner Blüten.

Aquilegia vulgaris

Akelei

Die Akelei trägt anmutige Blüten mit einem äußeren Ring zu eleganten Spornen verlängerter Kronblätter. Ihre Farbpalette umfasst Blau-, Violett- und Rosatöne sowie Weiß. Akeleien sind klassische Bauerngartenpflanzen und auch zur Verwilderung auf größeren Flächen geeignet.

STANDORT

Die gewöhnliche Akelei verträgt auch Trockenheit und Halbschatten, wodurch sie ideal für problematischere Gartenecken ist.

VERMEHRUNG

Akeleien säen sich stark aus und kreuzen sich gerne mit anderen Arten der Gattung. Dies führt zu immer wieder neuen, zauberhaften Kombinationen im Blau-Violett-Rosa-Bereich. Wollen Sie hingegen ein bestimmtes Farbbild in einer Rabatte erhalten, müssen Sie die Pflanzen auf Abstand setzen oder – das ist die sicherste Methode – eine Art oder Sorte wählen, die keine Farbabweichungen bildet. Sämlinge kommen erst im zweiten Jahr zur Blüte.

PFLEGE

Akeleistängel brechen leicht. Geben Sie beim Umpflanzen Acht und setzen Sie sie nicht zu dicht an Wegränder.

Akeleien säen sich bereitwillig aus – häufig mit verblüffendem Ergebnis.

Arenaria montana

Bergsandkraut

ZONE 4–9 | 15 cm | 50 cm

Die hübschen weißen Blüten, die über einem Teppich aus graugrünen Blättern erscheinen, machen das Bergsandkraut zu einer dekorativen Staude, die in Steingärten ebenso passt wie an Beetränder und Trockenmauern. Es ist immergrün und setzt daher auch im Winter interessante Akzente. Obwohl Bergsandkraut vom Aussehen her an Steinbrech erinnert, ist es nahe mit der Sternmiere verwandt – einem Unkraut, auf das jeder Gärtner gerne verzichtet. Breitet sich jedoch Bergsandkraut ähnlich stark aus wie dieser Vetter, so ist es doppelt so nützlich und willkommen.

STANDORT

Als typische Steingartenpflanze liebt das Bergsandkraut einen sonnigen Standort ohne Staunässe. Eine gute Wahl also für Trockenmauern und Tröge. Seit einiger Zeit gewinnt es zudem als Topfpflanze an Bedeutung.

VERMEHRUNG

Graben Sie nach dem Verblühen im Frühherbst die ganze „Matte" aus und teilen Sie sie in mehrere kleinere Stücke. Im Frühjahr und Sommer genommene Stecklinge bilden in Wasser meist rasch Wurzeln, können aber auch direkt in die Erde gesteckt werden. Die Erfolgsquote ist in beiden Fällen überraschend hoch.

PFLEGE

Die Pflanzen im Frühjahr etwas zurückschneiden und ausputzen; ansonsten können Sie sie ganz sich selbst überlassen.

Mit seinen zahllosen weißen Blüten bildet das Bergsandkraut (oben) einen zauberhaften Wegabschluss.

Aster novi-belgii

Glattblattaster

ZONE 4–8 | 1 m | 60 cm

Glattblatt- oder Neubelgienastern setzen im herbstlichen Garten noch einmal leuchtende Akzente. Die farbliche Bandbreite reicht von dunklem Karminrot über Lavendelblau bis Weiß. Neben den hohen Sorten wurden mittlerweile auch Zwergformen gezüchtet, die sich für den Rabattenvordergrund eignen. Alle geben lange haltbare Schnittblumen ab. Da Astern so spät im Jahr blühen, pflanzt man sie am besten in eine gemischte Staudenrabatte, wo ein paar blütenlose Stellen im Sommer nicht weiter störend auffallen.

STANDORT

Herbstastern brauchen viel Sonne und guten, nährstoffreichen Boden. Lassen Sie sie im Frühjahr und Sommer nicht austrocknen. Zwergformen gedeihen auch im Kübel, den man dann zur Blütezeit an einen gut sichtbaren Platz rücken kann.

VERMEHRUNG

Glattblattastern gehören zu den Pflanzen, die von einer Teilung ungemein profitieren. Sie können es jedes Frühjahr machen, um Ihren Pflanzenbestand zu vergrößern und die Stauden zu verjüngen. Um große, dicht verwachsene Wurzelstöcke zu trennen, benutzen Sie am besten zwei Grabegabeln (s. S. 25).

PFLEGE

Höhere Sorten brauchen u. U. eine Stütze oder entsprechend kräftige Begleitpflanzen, an die sie sich anlehnen können. Manche älteren Sorten sind anfällig für Mehltau. Achten Sie darauf, wenn Sie Pflanzen tauschen oder geschenkt bekommen. An solchen Exemplaren hat man sonst wenig Freude. Mitunter werden Glattblattastern von Milben befallen.

Glattblattastern sind zuverlässige Blüher im Herbstgarten. 'Kristina' trägt weiße Blüten, die sich hervorragend für die Vase eignen.

Borago officinalis

Boretsch

ZONE 5–10 | 60 cm | 45 cm

Die hübschen blauen Blütensterne, die zusammen mit den behaarten Knospen dichte Büschel bilden, werden den ganzen Sommer über von Hummeln und Bienen besucht.

STANDORT

Boretsch liebt einen sonnigen Standort mit lockerem Boden. Vermehrt er sich nicht von selbst, ist es ihm häufig einfach zu feucht.

VERMEHRUNG

Die einjährige Pflanze sät sich reichlich aus. Sofern ihr der Platz gefällt, kommt sie also zuverlässig jedes Jahr von neuem. Sämlinge vertragen das Versetztwerden nicht sonderlich gut.

PFLEGE

Boretschpflanzen sehen leicht sparrig und ungepflegt aus. Setzen Sie sie zwischen niedrige Rosen, deren kahle Stängel sie wunderbar kaschieren. Entfernt man Verwelktes regelmäßig, verlängert sich die Blütezeit. Einige Blüten aber unbedingt zur Selbstaussaat stehen lassen!

Verwenden Sie die essbaren Boretschblüten als Garnierung für Sommerdrinks und -salate.

Calendula officinalis

Gartenringelblume

Diese Pflanze hat nicht umsonst bei Generationen von Kindern die Lust am Gärtnern geweckt: Sie ist einfach aus Samen heranzuziehen und in der Standortwahl anspruchslos. Ringelblumen gehören zur Familie der Korbblütler und tragen auch entsprechende Blüten. Neben den ursprünglichen einfachen orangegelben Körbchenblüten gibt es heute halbgefüllte und gefüllte Sorten in Cremeweiß und Gelb. Blüten und Blätter verströmen einen charakteristischen Geruch, den man – genau wie den von Chrysanthemen – entweder angenehm oder abstoßend findet.

STANDORT

Gartenringelblumen mögen mageren Boden; bei zu hohem Nährstoffgehalt treiben sie nur mehr Blätter – auf Kosten der Blüte. Am üppigsten gedeihen sie an sonnigen Stellen, vertragen aber auch lichten Halbschatten.

VERMEHRUNG

Gartenringelblumen säen sich selbst aus; sicherheitshalber sollte man aber auch ein paar Samen ernten und sie im folgenden Jahr von Hand ausbringen. Sät man in verschiedenen Sätzen (Spätfrühling und Frühsommer), verlängert sich die Blütezeit bis zum ersten Frost.

PFLEGE

Verblühte Köpfchen abschneiden, aber unbedingt einige stehen lassen, damit sie sich aussäen bzw. Samen für das kommende Jahr geerntet werden können. Schnecken laben sich an Jungpflanzen, doch die meisten selbst ausgesäten Keimlinge wachsen rasch genug, um zu überleben. Trauermücken können zum Problem werden.

Gartenringelblumen blühen so reich, dass Sie immer ein Sträußchen fürs Küchenfenster pflücken können.

Campanula persicifolia

Glockenblume

Die Gattung *Campanula* umfasst sehr viele verschieden Arten, die jedoch alle glockenförmige Blüten tragen. Besonders beliebt bei Gartenfreunden sind die niedrigen, Polster bildenden Arten. Diese neigen zwar oft zum Wuchern, doch sind ihre Blüten – und oft auch ihr Laub – so hübsch, dass man sie gern gewähren lässt.

Die Pfirsichblättrige Glockenblume (*C. persicifolia*), die sich durch Selbstaussaat verbreitet, ist leicht an ihren Rosetten schmaler, leicht ledriger Blätter erkennbar, die von der Form her an Pfirsichblätter erinnern. Neben der gewöhnlichen Art, die große blaue Blütenglocken trägt, gibt es eine weiße Form 'Alba' sowie verschiedene gefüllte und halb gefüllte Sorten.

Die Dalmatiner Glockenblume oder Hängepolsterglocke (*C. portenschlagiana*) (Zone 5–9) bildet sehr schöne Polster gezähnter immergrüner Blätter, die sich im Sommer mit langen, dunkelvioletten Blütentrieben schmücken. Ähnlich groß, hinsichtlich der Wuchsform aber weniger attraktiv ist die Polsterglockenblume *C. poscharskyana* (Zone 3–9). Sie zeichnet sich durch hellere Blütenglocken aus. Auch die Zwergglockenblume (*C. cochleariifolia*) (Zone 6–9) ist niedrig, Polster bildend und verbreitet

Die Knäuelglockenblume C. glomerata *'Superba' hat ganze Büscheln der typischen Blütenglocken.*

sich über kriechende Rhizome. Ein dankbarer Bodendecker für Kies- und Pflasterflächen, der auch Mauern mit einem Vorhang nickender lichtblauer Blütenglocken ziert.

Bei den höheren Arten steht die Knäuelglockenblume (*C. glomerata*) (Zone 3–8) in dem Ruf, leicht überhand zu nehmen. Am besten wirkt man dem entgegen, indem man viele Blütenstängel für die Vase pflückt und wuchernde Rhizome ausgräbt und für interessierte Freunde und Nachbarn eintopft. Die Punktierte Glockenblume (*C. punctata*) (Zone 4–8) breitet sich ebenfalls durch unterirdische Rhizome aus. Ihre rosafarbenen röhrenförmigen Blütenglocken sind innen gesprenkelt.

STANDORT

Rasen bildende Glockenblumen können karge Kieswege, gepflasterte Flächen oder nackte Mauerwände verschönern. Während die meisten hohen Arten am besten in voller Sonne gedeihen, kommen einige, darunter *C. persicifolia* und *C. glomerata*, auch mit lichtem Schatten zurecht. Im Allgemeinen stellen sie keine besonderen Ansprüche an den Boden.

VERMEHRUNG

Bei Rhizom bildenden Glockenblumen kann man Wurzelschnittlinge nehmen, größere Horste eignen sich für Teilung (nach dem Abblühen). *C. persicifolia* sät sich selbst aus, und die Jungpflanzen haben nichts gegen die Versetzung an einen anderen günstigen Platz.

PFLEGE

Damit Polster oder Rasen bildende Arten in Bestform bleiben, gräbt man sie etwa alle drei Jahre im Anschluss an die Blüte aus und verjüngt sie. Gleichzeitige Bodendüngung tut ein Übriges. Großflächige Bestände können nach dem Abblühen getrimmt werden. Weniger widerstandsfähigen Arten sind durch Schnecken gefährdet.

Campanula persicifolia ***sät sich bereitwillig aus und bildet eine wunderschöne Ergänzung zu alten Rosen.***

Centaurea montana

Bergflockenblume

ZONE 3–8 | 60 cm | 60 cm

Eine typische Bauerngartenpflanze, die mit ihren distelartigen blauen Blüten und dem vielblättrigen graugrünen Laub frischen Wind in die Staudenrabatte bringt. Wo es ihr gefällt, breitet sie sich über unterirdisch kriechende Rhizome aus und erscheint dann an völlig unerwarteten Orten. Die weiße Form 'Alba' ist deutlich weniger wüchsig und trägt weiter geöffnete Blüten. Die Bergflockenblume, eine Staude, ist mit der einjährigen Kornblume (*C. cyanus*) verwandt, aber einfacher zu kultivieren, da sie nicht jedes Jahr neu ausgesät werden muss.

STANDORT

Flockenblumen blühen am reichsten in der Sonne, gedeihen aber auch im lichten Schatten. Jungpflanzen zwischen Herbst und Frühjahr in feuchten, aber gut durchlässigen Boden setzen.

VERMEHRUNG

Pflanzen nach der Blüte teilen. Zur Not geht es auch im zeitigen Frühjahr, bevor sie richtig austreiben.

PFLEGE

Nach der Blüte zurückschneiden. Das fördert den Nachtrieb gesunder junger Blätter und kann Mehltaubefall vorbeugen.

Geben Sie hohen Bergflockenblumen eine Stütze, damit die Blütenstängel nicht knicken.

Centranthus ruber

Spornblume

Die Rote Spornblume ist als Wildpflanze in Felsfluren beheimatet. Im Garten erfreut sie durch ihre lange Blütezeit, die vom Frühsommer bis zum ersten Frost dauern kann. Obwohl sie kalkhaltige Böden bevorzugt, kommt die Rote Spornblume auch mit anderen Bodenqualitäten zurecht, solange diese nicht zu nährstoffreich oder sauer sind. Die röhrenförmigen Blüten locken Tag- und Nachtfalter an. Zu der roten Art gibt es zwei Varianten: 'Albus' mit weißen Blüten und var. *coccineus*, deren Blüten ein deutlich tieferes Rot zeigen.

STANDORT

Versuchen Sie, das natürliche Habitat nachzuahmen und pflanzen Sie Spornblumen in breite Mauerritzen oder trockene Hänge. In mageren Böden wird die Blüte reicher. Probieren Sie verschiedene Standorte in Ihrem Garten aus.

VERMEHRUNG

Fühlt sie sich wohl, sät sich die Rote Spornblume recht zuverlässig selbst aus. Wer auf Nummer sicher gehen möchte, teilt ausgewachsene Pflanzen im Frühjahr.

PFLEGE

Abgeblühte Stängel zurückschneiden, dann kommt mit etwas Glück eine zweite Blüte. In nährstoffreichen Böden wird das Blattwachstum angeregt, die Pflanzen schießen und werden unansehnlich. Dagegen hilft, wenn man sie alle paar Jahre teilt und umpflanzt.

Die Weiße Spornblume (Centranthus ruber *'Albus') schmückt den Garten den ganzen Sommer über mit anmutigen Blüten.*

Clarkia unguiculata

Mandelröschen

ZONE 7–11 | 60 cm | 40 cm

Die einjährigen Bauerngartenpflanzen Mandelröschen (*Clarkia unguiculata* syn. *C. elegans*) und Atlasblume (*C. amoena*) gehören zwar der botanischen Klassifizierung nach zur selben Gattung, unterscheiden sich jedoch stark in der Form ihrer Blüten. Während die Atlasblume große, becherförmige Blüten zeigt, schmückt sich das Mandelröschen mit einfachen, mandelähnlichen Blüten mit gefranstem Rand in verschiedenen Rosa-, Rot-, Violett- und Orangetönen. Es hat rötliche Stängel, die leicht brechen, und schmale Blätter. Mandelröschen sind leicht zu kultivieren und eignen sich gut als farbenprächtige Bereicherung für Rabatten. Unter den herausgezüchteten Sorten gibt es einfache, gefüllt blühende und auch eine Zwergmischung, die nur 30 cm hoch wird.

Die in Kalifornien als Wildpflanze heimische Atlasblume wurde zuerst von Captain William Clarke beschrieben, der Anfang des 19. Jahrhunderts mit seiner Expedition die Westküste Nordamerikas erforschte. Wenige Jahre später brachte der berühmte Pflanzensammler David Douglas die Art nach Europa, wo sie seither Cottage- und Bauerngärten ziert. Heute gelten Atlasblumen manchmal als etwas altmodisch – die Art Pflanzen, die vielleicht Ihre Großeltern zogen, möglicherweise in einer Reihe des Gemüselands. Doch diesen Ruf haben sie nicht verdient. Beide Clarkia-Arten sind ideale Gartenblumen – und sie eignen sich hervorragend dazu, Kinder für die Gartenarbeit zu begeistern, denn sie keimen rasch und treiben wunderschöne auffällige Blüten.

Die schlichte Form der Atlasblumenblüten führt uns zu zwei ihrer nächsten Verwandten, der Nachtkerze (*Oenothera biennis*) und dem Weidenröschen (*Epilobium* ssp.). Wildpflanzen

wie gezüchtete Sorten sind an der Basis ihrer Kronblätter dunkel gefleckt, um Bienen und andere Nektar saugende Insekten anzulocken. „Veredelte" Sorten sind in verschiedenen Tönen von Lachsrosa, Orange und Rot sowie in Weiß erhältlich, wobei die Pflanzen eine Höhe zwischen 30 und 50 cm erreichen.

STANDORT

Säen Sie direkt an den späteren Standort, da die Sämlinge beider Arten das Versetzen nicht gut vertragen. Die Verbindung zwischen Wurzel und Stängel ist einfach zu schwach. Haben Sie zu dicht ausgesät, werden die überschüssigen Pflänzchen leider fast immer auf dem Kompost enden. Bei Aussaat im Spätsommer sind die Keimlinge im Regelfall kräftig genug, um den Winter zu überstehen. Sie haben den im Frühjahr ausgesäten gegenüber dann einen ordentlichen Vorsprung und kommen merkbar früher zur Blüte. Ein wenig Schatten wird vertragen, und auch was den Boden angeht, sind sie nicht allzu anspruchsvoll. Nur gut durchlässig sollte er sein.

VERMEHRUNG

Sagt ihnen die Umgebung zu, säen sich Mandelröschen und Atlasblumen bereitwillig aus. Sammeln Sie trotzdem zur Sicherheit ein paar reife Samen – nur für den Fall, dass die Pflanzen im kommenden Jahr aus irgendwelchen Gründen nicht aufgehen.

PFLEGE

Reichern Sie die Erde mit etwas Laubmulch an, dann fällt auch die Blüte reicher aus. Vorsicht beim Unkrautjäten! Beide Arten haben sehr empfindliche Stängel, die auf Bodenhöhe leicht knicken.

Mandelröschen (Clarkia unguiculata) *sind langlebige Schnittblumen und eine fröhliche Bereicherung für den Garten.*

Convallaria majalis

Maiglöckchen

ZONE 4–9 | 15 cm | 45 cm

Kaum ein Frühjahrsblüher verströmt einen ähnlich starken süßen Duft wie das Maiglöckchen, das dazu noch mit wunderhübschen Glockenblüten aufwartet. Es fühlt sich an feuchtschattigen Plätzen wohl und wird deshalb mitunter als wildwuchernd abgestempelt. Weniger ausufernde, aber auch nicht so stattliche Sorten sind 'Rosea' (mit rosafarbenen Blüten), 'Albostriata' (längs weißgestreifte Blätter) und 'Variegata' (goldgestreifte Blätter).

STANDORT

Maiglöckchen brauchen feuchthumosen Boden mit reichlich Laubmulch oder Gartenkompost. Achten Sie stets darauf, dass die Pflanzen in trockenen Wintern nicht austrocknen. Evtl. gut mit Kompost oder Laub abdecken und notfalls wässern.

VERMEHRUNG

Pflanzen im Winter ausgraben und teilen. Die Rhizomestücke sofort wieder einsetzen oder in Töpfe pflanzen.

PFLEGE

Eine im Winter aufgebrachte Mulchschicht aus verrottetem Gartenkompost oder, besser noch, Laubmulch fördert die Blühfreudigkeit.

Maiglöckchen mit ihren zauberhafte Blüten bieten sich als Bodendecker für feuchtschattige Plätze an.

Corydalis flexuosa

Blauer Lerchensporn

ZONE 5–9 | 20 cm | 25 cm

Der Blaue Lerchensporn ist nahe mit der verbreiteten gelben Art (*Corydalis lutea*) verwandt. Beide haben tief gefiedertes, farnartiges Laub. Gelber Lerchensporn besiedelt am liebsten steinige, kiesige Flächen und eignet sich daher wunderbar zur Begrünung von Wegrändern und Mauerfugen. Praktisch den ganzen Sommer über schmückt er sich mit kleinen goldgelben Blüten mit rückwärts weisendem Sporn (daher der deutsche Name). Wem diese heimische Art nicht exotisch genug ist, der pflanze die blaue oder aber *C. cheilanthifolia* (Zone 5–9), der ähnlich zarte fiederschnittige Blätter trägt, die sich im Laufe des Sommers zunehmend bronze färben. Ihre Blüten zeigen sich in einem etwas tieferen Gelb. Blauer Lerchensporn zählte zu den Modepflanzen der letzten Jahre, und obwohl er sich nicht selbst aussät, lässt er sich relativ einfach vermehren.

STANDORT

C. lutea wählt sich seinen Standort mehr oder weniger selbst – alte Mäuerchen und halbschattige Rabatten werden bevorzugt. *C. cheilanthifolia* gedeiht in Sonne und Schatten, während *C. flexuosa* insofern höhere Ansprüche stellt, als er feuchten Boden braucht.

VERMEHRUNG

C. lutea und *C. cheilanthifolia* säen sich reichlich aus, vermutlich mehr, als Ihnen lieb ist. Die Pflänzchen sind jedoch rasch herausgezupft. Bei *C. flexuosa* nimmt man einige der im Herbst erscheinenden Ausläufer und setzt sie in Töpfe.

PFLEGE

C. lutea und *C. cheilanthifolia* sind anspruchslos. *C. flexuosa* wirft bei Trockenheit im Sommer die Blätter ab. Stimmt der Standort ansonsten, treibt er aber im Herbst wieder neu aus.

Corydalis flexuosa *'Père David' besticht durch zauberhaft zarte Blüten in leuchtendem Blau.*

Crocosmia x *crocosmiiflora*

Gartenmontbretie

ZONE 5–9 | 75 cm | wuchernd

Montbretien setzen noch relativ spät im Gartenkalender leuchtende Farbtupfer, und die schwertförmigen Blätter bereichern das Blumenbeet die ganze Vegetationsperiode über. Sie wachsen schnell und geben, wo es ihnen gefällt, sehr rasch einen dekorativen Blickfang ab. In milden Regionen kommt es vor, dass sie auswildern. Wie üblich sind die meisten der „veredelten" Sorten weniger robust als die Art; sie brauchen länger, um sich einzugewöhnen, und reagieren empfindlicher auf Teilung.

STANDORT

Montbretien tolerieren lichten Schatten und bevorzugen feuchten Boden, der aber gut durchlässig sein muss. Sie sind dekorative Lückenfüller unter sparrigen Gehölzen.

VERMEHRUNG

Montbretien säen sich bei angemessenem Klima bereitwillig aus, doch die Jungpflanzen brauchen häufig sehr lange, bevor sie zur Blüte kommen – zwei Jahre müssen Sie mindestens warten. Schneller geht es, wenn man vorhandene Horste im Frühjahr teilt. Das darf aber nicht zu oft geschehen; ein paar Jahre sollten immer dazwischenliegen.

PFLEGE

Zwar überstehen Montbretien auch trockene Sommer, gedeihen jedoch besser, wenn man sie gegebenenfalls wässert. Da sie bei uns nicht sicher winterhart sind, schützen Sie sie im Herbst mit Laub und Reisig oder überwintern die Knollen in einem frostfreien Raum.

Die Zahl der Montbretien-Sorten geht in die Hunderte. Die hier gezeigte 'Jacknapes' trägt zweifarbige Blüten in Gelb und Orangerot.

Cyclamen hederifolium

Herbstalpenveilchen

Unter Bäumen und Sträuchern ausgewilderte Herbstalpenveilchen sind ein schöner Bodendecker für diese erfahrungsgemäß eher problematischen Gartenpartien. Die herbstblühende Art trägt die typischen Alpenveilchenblüten in Rosatönen von unterschiedlicher Intensität.

STANDORT

Setzen Sie Herbstalpenveilchen in feuchte, aber gut durchlässige Böden. Die Knollen nur ausgraben, während die Pflanze Blätter trägt. So wachsen sie wesentlich schneller wieder an.

VERMEHRUNG

Nach der Blüte schwellen die Samenköpfe an, und die Stängel neigen sich dem Boden zu, um den Samen abzulegen. Die Sämlinge bilden winzige Knollen, die mit jedem Jahr wachsen. Herbstalpenveilchen säen sich selbst aus. Wenn möglich, lassen Sie die Keimlinge an Ort und Stelle. So entsteht innerhalb einiger Jahre ein herrlicher Blütenteppich.

PFLEGE

Gönnen Sie Herbstalpenveilchen im Sommer eine Gabe Laubmulch oder Gartenkompost. Pflanzen möglichst wenig stören, dann wachsen sie am schönsten. In raueren Lagen brauchen sie Winterschutz.

Die Blüten des Herbstalpenveilchens erscheinen ab September, und zwar vor den Blättern.

Delphinium

Rittersporn

ZONE 3–8 | 1,2 m | 60 cm

Der Rittersporn, eine beliebte Bauerngartenpflanze, ist mit seinen hohen Blütentrieben in verschiedenen Blau- und Rosatönen, Violett, Blassgelb oder Weiß ein echter Blickfang in jeder Staudenrabatte. Schneidet man die Rispen vor dem Samenansetzen auf Bodenhöhe zurück und gießt gründlich, erfolgt mit etwas Glück nach dem Hauptflor im Frühsommer noch eine zweite Blüte.

Der lateinische Gattungsname, *Delphinium*, rührt von dem griechischen Wort *Delphis* (Delfin) her, weil die gespornten Blütenknospen an die Schnauze von Delfinen erinnern. Geöffnet zeigen die Blüten ein „Auge" aus acht inneren Blütenblättern, die farblich oft von den größeren äußeren Kronblättern abweichen. Sind sie grau, sieht es aus, als hätte sich gerade ein Insekt im Blütenzentrum niedergelassen.

Delphinium-Elatum-Hybriden sind Nachfahren des im Himalaya heimischen Hohen Rittersporns (*D. elatum*) und schmücken sich mit dichten, unverzweigten Blütentrauben. Sie dürften die am weitesten verbreiteten Gartenrittersporne sein. Belladonna-Hybriden sind kleiner, mit eher lockeren, verzweigten Blütenständen, die sich bei Floristen großer Beliebtheit erfreuen.

STANDORT

Die Bodenart spielt für Rittersporn keine große Rolle, sofern er gut durchlässig ist – bei Staunässe faulen die Pflanzen. Am schönsten gedeihen sie in voller Sonne; im lichten Schatten wachsen sie zwar auch, bleiben aber schwächer, und die Blütentrauben sind spärlicher.

VERMEHRUNG

Im Spätwinter oder zeitigen Frühjahr Stecklinge nehmen. Rittersporntriebe sind hohl, deshalb

aus der Stängelmitte schneiden. Die Stecklinge topfen und in einem Frühbeet Wurzeln bilden lassen. Im folgenden Frühjahr sollten sie groß genug sein, um ihren Platz in der Rabatte einzunehmen. Sie können auch versuchen, im Frühjahr junge Triebe als Stecklinge zu ziehen (ebenfalls im Frühbeet).

PFLEGE

Damit die Blüten groß werden, empfiehlt es sich, die Stängel im Frühjahr auszudünnen. Hat eine Pflanze beispielsweise 20 Triebe, zwicken Sie elf oder zwölf davon ab. Die übrigen acht oder neun werden es mit größeren Blüten lohnen. Schnecken können bei Jungpflanzen beträchtliche Schäden anrichten. Versuchen Sie Ihr Glück mit herkömmlichen Barrieren oder Pflanzglocken oder machen Sie es wie die Profigärtner und wässern Sie den Boden mit einer Aluminiumsulfatlösung (50 g Aluminiumsulfat auf 4,5 l Wasser). Rittersporne, insbesondere Elatum-Hybriden, sind anfällig für Mehltau. Sind die Blätter angefressen, könnten Ohrwürmer der Grund sein. Legen Sie zwischen den Pflanzen Fallen aus. Hier haben sich mit Heu gefüllte Blumentöpfe bewährt, die man kopfüber auf eine Stange stülpt und die die Krabbeltiere als Unterschlupf schätzen. So können Sie sie einsammeln und an einem anderen Platz im Garten wieder aussetzen. Da Ohrwürmer Blattläuse vertilgen, zählen sie zu den Gartennützlingen und sollten nicht vernichtet werden.

Die stattlichen Blütenstände des Rittersporns zählen zu den Highlights der sommerlichen Prachtstaudenrabatte.

Dianthus

Gartennelke

ZONE 4–8 | 28 cm | 23 cm

Gartennelken werden seit Jahrhunderten kultiviert, und heute sind rund 700 Sorten im Handel. Ältere Formen bringen nur einen Flor im Sommer hervor, neuere Züchtungen blühen deutlich länger. Sämtliche Gartennelken haben graugrüne, lang zugespitzte grasartige Blätter, die den Winter über grün bleiben.

STANDORT

Gartennelken schätzen lockeren Boden – in schweren, nassen Böden faulen die Pflanzen und sterben über den Winter ab – und viel Sonne.

VERMEHRUNG

Im Spätsommer Stecklinge von Trieben nehmen, die nicht geblüht haben. Den Stängel direkt unterhalb der verdickten Ansatzstelle eines Blattes greifen und vorsichtig ziehen, bis der Trieb sich löst. Ein solcher Rissling entwickelt meist rasch Wurzeln. Alternativ den Trieb unterhalb der Blattansatzstelle abschneiden und vor dem Topfen die meisten Blätter abstreifen.

PFLEGE

Spitzen im Frühjahr abzwicken, damit die Pflanzen eine schöne Polsterform bekommen. Verblühtes regelmäßig entfernen, dann kommen mehr neue Blüten nach.

Neuere Gartennelkensorten blühen den ganzen Sommer über.

Dianthus barbatus

Bartnelke

ZONE 4–10 | 50 cm | 23 cm

Diese beliebten Bauerngartenpflanzen haben breite, flache Blütenköpfe mit dicht gepackten kleinen duftenden Blüten in leuchtenden Farben – von einfachem Weiß und Rot bis hin zu Weiß mit rotem Rand oder Rot mit weißem Auge und weißer Borte. Bartnelken bilden eine Bereicherung für jede Staudenrabatte und geben ideale Schnittblumen ab. Bei einigen Sorten dunkeln die Blätter im Laufe der Vegetationsperiode zu einem dunklen Violettrot.

STANDORT

Bartnelken lieben volle Sonne und gut durchlässigen Boden. Bei Anzucht aus Samen sät man diese in einer Schale aus und setzt die Jungpflanzen im Herbst ins Freiland, wo sie, sofern Klima und Standort stimmen, im folgenden Sommer zur Blüte kommen. Sollen die Nelken im selben Jahr blühen, säen Sie sie im Winter in eine Saatschale auf dem Fensterbrett und pflanzen die Sämlinge im Spätfrühling aus.

VERMEHRUNG

Früher zog man Bartnelken jedes Jahr neu aus Samen, da sie nicht besonders langlebig sind. Man kann sie freilich auch als Stauden behandeln und in der Erde lassen. Dann säen sie sich aus, und direkte Nachkommen lösen die müde gewordenen Elternpflanzen ab.

PFLEGE

Pilzerkrankungen wie Rost können zum Problem werden. Entdecken Sie Anzeichen davon, reißen Sie alle Pflanzen heraus und starten ganz neu mit einem neuen Samentütchen. Nur so können Sie sicher gehen, die Krankheit völlig auszurotten. Bei sauren Böden Kalk einbringen, da Bartnelken kalkhaltige Erde mögen. Winterschutz geben.

Bartnelken können im Garten brillante Farbfelder bilden. Zudem geben sie dekorative sowie dankbare Schnittblumen ab.

Dicentra spectabilis

Tränendes Herz

ZONE 4–8 · 60 cm · 50 cm

Als Schattenpflanze gedeiht das Tränende Herz auch in weniger günstigen Gartenecken und am Gehölzrand. Im Frühjahr erscheinen über dem sattgrünen farnähnlich gefiederten Laub die zarten zweifarbigen Blütenherzen. Die Sorte 'Alba' schmückt sich mit reinweißen Herzen.

STANDORT

Zur Unterpflanzung von Sträuchern. Mit Laubmulch bedecken und nicht austrocknen lassen.

VERMEHRUNG

Pflanzen im Herbst oder gegen Winterende teilen und sofort wieder in die mit Laubmulch oder Gartenkompost angereicherte Erde setzen. Tränendes Herz sät sich auch aus. Haben Sie mehr als eine Art und wollen eine Kreuzung ausschließen, schneiden Sie die Blütenstände, bevor sie Samen ansetzen, und vermehren Sie die Pflanzen durch Teilung.

PFLEGE

Schnecken können Jungpflanzen zum Verhängnis werden. Die Pflanzen sind zwar winterhart, doch junge Triebe leiden unter Frost und kaltem Wind.

Die schönen zartrosa Blütenherzen von Dicentra spectabilis *bringen Leben in schattige Gartenecken.*

Digitalis purpurea

Roter Fingerhut

ZONE 4–9 | 1,8 m | 30 cm

Fingerhüte gehören in jeden Bauern- und Naturgarten oder in eine eher naturbelassene Gartenregion, wo sie sich auch ungestört selbst aussäen. Im Sommer erscheinen die hohen Kerzen, die, wenn Sie Selbstaussaat zulassen, mit interessanten Blütenfarben aufwarten: Rosa, Weiß und Violett in allen erdenklichen Schattierungen. Der Rote Fingerhut zählt zu den Zweijährigen Blumen und blüht im zweiten Jahr. Danach stirbt er ab (besonders kräftige Exemplare kommen noch das eine oder andere Mal wieder). Gefällt ihm der Standort, sät er sich bereitwillig aus. Andere selbst aussäende Arten sind der weniger hohe Wollige Fingerhut (*D. lanata*) (Zone 5–9) mit cremegelben Blüten und der Gelbe Fingerhut (*D. lutea*) (Zone 4–8) mit ungefleckten gelben Blüten und glänzenden Blättern.

STANDORT

Fingerhüte lieben lichten Schatten und feuchte, mit Laubmulch oder Gartenkompost angereicherte Erde. Wegen ihrer Höhe passen sie eher in den hinteren Teil der Rabatte. Jungpflanzen aus Selbstaussaat sind leicht zu versetzen.

VERMEHRUNG

Widerstehen Sie der Versuchung, abgeblühte Triebe zu entfernen, und lassen Sie die Blütenstängel Samen ansetzen. Müssen Sie dann doch „aufräumen", schütteln Sie die Stängel über der Rabatte aus. So verteilen sich die Samen, und Sie sollten genügend Pflanzen fürs nächste Jahr bekommen. Samen nicht abdecken; sie brauchen Licht zum Keimen.

PFLEGE

Fingerhüte sind anspruchslos und sehr widerstandsfähig.

Aus dem Roten Fingerhut wurden viele farbige Sorten gezüchtet, von denen sich aber nur wenige sortenrein versamen.

Dryopteris filix-mas

Wurmfarn

ZONE 4–8 | 1 m | 40 cm

In fast jedem Garten gibt es problematische Ecken, an denen scheinbar nichts wachsen mag. Doch auch wenn dort im Augenblick nichts gedeiht – der Wurmfarn wird es mit hoher Wahrscheinlichkeit. Die Pflanze ist zwar nicht wirklich immergrün, aber sie behält zumindest ein wenig Farbe, bis sich im Frühjahr die neuen Triebe aufzurollen beginnen.

STANDORT

Der Gewöhnliche Wurmfarn (*D. filix-mas*) ist der anspruchsloseste Farn überhaupt und eine ideale Gartenpflanze. Er verträgt trockene und feuchte Böden und erscheint zuverlässig Jahr um Jahr. Wird er im Sommer umgepflanzt, müssen Sie ihn regelmäßig wässern.

VERMEHRUNG

Auf der Unterseite der Farnwedel bilden sich kleine Sporenhäufchen, die die eigentlichen Sporen enthalten. Aus diesen entwickeln sich allerdings nicht gleich Jungfarne, sondern kleine, kaum fingernagelgroße Gebilde, Prothallien, an denen Geschlechtsorgane entstehen. Die männlichen (Antheridien) produzieren Millionen begeißelter Spermatozoiden. Diese treten bald den Wettlauf zu den weiblichen Geschlechtsorganen (Archegonien) an, die jeweils eine Eizelle enthalten – aus der letztlich dann die junge Pflanze hervorgeht. Da die Übertragung nur im freien Wasser erfolgen kann, ist zur Befruchtung immer ausreichend Feuchtigkeit nötig. Sammeln Sie Sporen, indem Sie die Wedel über einem Tablett ausschütteln, und ziehen Sie sie in einem Frühbeet an oder lassen Sie der Natur ihren Lauf.

PFLEGE

Bevor Sie eine schattige, trockene Ecke bepflanzen, sollten Sie den Boden mit etwas Laubmulch verbessern. Einmal angewachsen, braucht der Gewöhnliche Wurmfarn keine weitere Pflege.

Der Wurmfarn Dryopteris filix-mas *gedeiht selbst in den schattigsten Gartenecken.*

Echinops ritro

Kugeldistel

ZONE 3–9 | 60 cm | 30 cm

An den kugelrunden Köpfen sitzen dicht gepackt winzige stahlblaue Blüten, die gerne von Bienen besucht werden. Die graugrünen Blätter sind mit dünnen Dornen besetzt, die Stängel aber weitgehend glatt, so dass man sie gut schneiden und für Schnitt- oder Trockenblumenarrangements verwenden kann. Die Drüsige Kugeldistel (*E. sphaerocephalus*) (Zone 3–8) kann über 2 m hoch werden.

STANDORT

Kugeldisteln sind dankbar und gedeihen auf mageren Böden in voller Sonne. Sandige Hänge etwa verwandeln sie vom Problemfall zu einer wahren Zierde.

VERMEHRUNG

Im Spätherbst nach der Blüte von einer gut etablierten Pflanze Wurzelschnittlinge (s. S. 25) nehmen. Eintopfen und im Frühbeet überwintern. Alternativ einen großen Wurzelstock im Frühjahr teilen.

PFLEGE

Blattläuse können zur Pest werden. Wer nicht zur chemischen Keule greifen will, schneidet die befallenen Blütenstängel am besten ab.

Schon im Knospenstadium hat die Kugeldistel einen Blauschimmer, der spätere stahlblaue Blüten verheißt.

Erysimum cheiri

Goldlack

Goldlack wird gewöhnlich als Zweijährige Blume gezogen: Aussaat im Herbst für die Blüte im nächsten Frühjahr. Doch warum sich diese Arbeit machen, wo diese Pflanzen in wintermilden Gegenden als ausdauernde Stauden wachsen? Schneidet man sie nach dem ersten Flor zurück, blühen sie den ganzen Sommer hindurch und überleben (ggf. mit Winterschutz) die kalte Jahreszeit, um im neuen Jahr mit frischer Kraft auszutreiben.

Goldlacksamen werden meist farbsortiert verkauft – Rot, Gelb, Cremeweiß und Orange sowie fast braune Schattierungen. Erkundigen Sie sich nach ausdauernden Sorten wie *E.* 'Bowles' Mauve' (Zone 7–11), deren mauvefarbene Blütenblätter über graugrünem Laub erscheinen. Der Schöterich (*Erysimum* x *allionii*) (Zone 3–11) blüht in leuchtendem Gelborange.

STANDORT

In zu nahrhaftem Boden treibt Goldlack viele Blätter und kaum Blüten. Wählen Sie einen geschützten sonnigen Platz, bevorzugt mit gut durchlässiger Erde. Unübertroffen ist die traditionelle Kombination Goldlack und Tulpen.

VERMEHRUNG

Goldlack sät sich im Garten selbst aus, und die jungen Pflanzen lösen die alten ab, wenn diese unschön und sparrig werden. Im Sommer kann man auch Stecklinge nehmen. Sie wurzeln besser, wenn man sie mit einem „Fuß", also einem Stück vom Haupttrieb schneidet. Eintopfen und bis zum Auspflanzen im Frühbeet oder an einer geschützten Stelle überwintern.

PFLEGE

Schnecken lieben die jungen Pflänzchen; säen Sie also deutlich mehr, als Sie brauchen.

Goldlack präsentiert sich in vielen herrlichen Farben, die allesamt intensiv duften.

Escallonia

Andenstrauch

ZONE 7–9 | 3 m | 1,2 m

Vieles spricht dafür, diesen hübschen kleinen bis mittelgroßen Strauch zu setzen. Windfest und salztolerant, bietet er sich in Küstengärten zum Schutz empfindlicherer Pflanzen an. Das attraktiv glänzende Laub und die kleinen roten, rosafarbenen oder weißen Blüten, die im Sommer erscheinen und oft bis in den Herbst hinein halten, machen den Andenstrauch zu einer beliebten Heckenpflanze. *Escallonia* 'Donard Seedling' ist eine wuchskräftige Sorte mit weißen, rosa überhauchten Blüten. 'C. F. Ball' blüht rot und empfiehlt sich für Küstengebiete.

STANDORT

Der Andenstrauch gedeiht in Sonne und Schatten, braucht aber gut durchlässigen Boden. Die Erde vor einer Heckenanpflanzung mit verrottetem Mist anreichern und anfangs reichlich wässern.

VERMEHRUNG

Im Sommer Stecklinge nehmen, die in einem beschatteten Frühbeet Wurzeln bilden und dort auch überwintern sollten.

PFLEGE

Diese Sträucher müssen nicht zurückgeschnitten werden – außer natürlich, Sie möchten eine bestimmte Form heranziehen.

Je nach Sorte erreichen Andenstrauchhecken zwischen 1,5 und 3 m Höhe.

Eschscholzia californica

Goldmohn

Goldmohn, auch Kalifornischer Mohn oder Schlafmützchen genannt, lässt sich leicht aus Samen heranziehen. Die Blüten erinnern an unseren heimischen Klatschmohn, leuchten aber in satten Orange- und Gelbtönen. Pflanzenzüchter haben die Farbpalette um Cremeweiß, Zitronengelb, Violett, Rosa und Weiß erweitert.

STANDORT

Sonnig und möglichst magerer Boden. Jeder Humuszusatz fördert das Blatt-, Stängel- und Wurzelwachstum auf Kosten des Blütenflors! In seiner Heimat Kalifornien blüht Goldmohn wild an steinigen Hängen und Straßenböschungen.

VERMEHRUNG

Goldmohn sät sich selbst aus, aber die Jungpflanzen sind schwierig zu versetzen. Wollen Sie den Standort bestimmen, sammeln Sie den Samen und streuen ihn an der gewünschten Stelle aus, im zeitigen Frühjahr (für Blüte später im Jahr) oder im Herbst (für den folgenden Sommer).

PFLEGE

Um die Blühsaison zu verlängern, regelmäßig die verblühten Köpfe abschneiden. Hören Sie aber auf, solange es noch warm genug ist, damit Samen fürs nächste Jahr reifen können.

Wo es ihm gefällt, bildet der Goldmohn rasch weitläufige goldgelbe Blütenteppiche.

Euphorbia characias

Wolfsmilch

Zur Gattung *Euphorbia* gehören Pflanzen unterschiedlichster Gestalt und Größe. Alle jedoch führen Milchsaft und haben langlebige Blüten, die meist gelblich-grün und becherförmig sind. Die eigentlichen Blüten sind winzig und haben keine Kronblätter, werden aber von auffälligen großen Hochblättern umgeben. *E. characias* blüht das ganze Frühjahr hindurch. Die Himalayawolfsmilch (*E. griffithii*) (Zone 4–9) trägt im Spätfrühling rote Blüten; die gelben Blüten der Zypressenwolfsmilch (*E. cyparissias*) (Zone 3–11) dunkeln zu einem satten Orange, während sich die Blätter im Herbst gelb verfärben. Die zweijährige Kreuzblättrige Wolfsmilch (*E. lathyris*) (Zone 6–11) trägt ihre Blüten auf hohen geraden belaubten Stängeln. Sie versamt sich überall, doch die kleinen Pflänzchen sind gut zu erkennen und leicht versetzbar.

STANDORT

Die meisten Wolfsmilcharten sind relativ anspruchslos, brauchen aber viel Licht und durchlässigen Boden.

VERMEHRUNG

Von *E. characias* im Frühjahr oder Sommer Stecklinge nehmen. Ziehen Sie dazu Handschuhe an, da der Milchsaft Allergien hervorrufen kann. Stecklinge topfen und in einem Frühbeet oder an geschützter Stelle überwintern. Winterharte Stauden lassen sich im Frühjahr teilen. *E. lathyris* sät sich selbst aus, und die Kapseln explodieren mit solcher Kraft, dass die Samen extrem weit fliegen.

PFLEGE

E. characias nach der Blüte bzw. Samenreife zurückschneiden, um Platz für die Blütenstängel des nächsten Jahres zu schaffen.

Die Blütenköpfe einer Palisadenwolfmilch **(Euphoribia characias *ssp.* wulfenii)** *können einen Durchmesser von 30 cm erreichen.*

Fuchsia magellanica

Scharlachfuchsie

ZONE 8–10 | 1,5 m | 60 cm

Fuchsien werden als Gartenpflanzen häufig unterschätzt. Die meisten Leute halten sie für empfindliche Kübelpflanzen, dabei gibt es einige, die bedingt winterhart sind. Die höheren Arten eignen sich in milden Klimazonen als Heckenstauden, unter denen empfindlichere Pflanzen Schutz finden. Ihre volle Schönheit erreichen sie im Spätsommer, wenn viele andere Gattungen ihren Höhepunkt bereits überschritten haben, und sie bleiben bis über den ersten Frost hinaus ansehnlich und dekorativ.

Die empfehlenswerteste in nicht zu rauen Lagen winterharte Art ist die Scharlachfuchsie (*Fuchsia magellanica*), mit einem Ring scharlachroter Kelchblätter und darunter herabhängenden dunkelvioletten Kronblättern. Von ihr gibt es auch panaschierte und goldbraunblättrige Formen, die allerdings weniger wuchskräftig sind. Das Laub von 'Versicolor' ist grau-grün gezeichnet, während 'Aurea' schmale goldfarbene Blätter trägt.

Unter den (bedingt) winterharten Hybriden ist 'Hawkshead' (Zone 8–10) mit einer Fülle kleiner weißer Blüten übersät und kann, sofern Klima- und Bodenbedingungen stimmen, zu einer schönen, bis 120 cm hohen Hecke herangezogen werden. 'Lady Thumb' (Zone 8–11) trägt rosafarbene Kelchblätter und weiße Kronblätter mit herabhängenden rosa Staubblättern. Sie ist ein niederer, etwa 60 cm hoher Busch. Lässt man die Samen ausreifen, bilden Fuchsien kleine wurstförmige Früchte, aus denen man früher Marmelade kochte.

STANDORT

Fuchsien haben nichts gegen lichten Schatten – volle Sonne kann ihre Blätter verbrennen –

Die Scharlachfuchsie ist selbst in unseren Breitengraden bedingt winterhart. Friert sie in den kalten Monaten zurück, dürfen Sie doch im Frühjahr auf frischen jungen Austrieb hoffen.

und kommen u. U. sogar an einer Nordwand zur Blüte. Damit sie den Winter unbeschadet überstehen, müssen Pflanzen bis spätestens Mitte des Sommers an ihren Standort gesetzt sein, und dies in ausreichender Tiefe. Scharlachfuchsien kann man auch in Kübeln ziehen; dann müssen sie freilich frostfrei überwintert werden. Kunststoff- oder Terrakottatöpfe bieten in keinem Fall ausreichend Schutz gegen Frost.

VERMEHRUNG

Arten vermehren sich sortenrein aus Samen, doch ist es in aller Regel einfacher, Stecklinge zu nehmen. Letzteres ist auch die richtige Methode für herausgezüchtete Sorten. Die Stecklinge im Frühjahr schneiden, bevor die Triebe Knospen angesetzt haben. Solche Ableger bilden sehr viel rascher Wurzeln.

PFLEGE

Die Pflanzen im Herbst ausputzen, mit einem kräftigen Rückschnitt jedoch bis zum Frühjahr warten. Scharlachfuchsien und winterharte Hybriden frieren bis auf den Wurzelstock zurück. Deshalb müssen Sie alle abgestorbenen Triebe entfernen, um den jungen Platz zu machen. Für einen wohlgeformten Strauch mit möglichst reichem Blütenflor zwicken Sie die Spitzen der Seitentriebe ab. So werden diese gezwungen, entlang des ganzen Stängels neue Triebe zu entwickeln.

'Rufus' ist eine wunderschöne und blütenreiche, bedingt winterharte Fuchsie, die bis zu 75 cm hoch wird.

Galanthus nivalis

Schneeglöckchen

ZONE 4–9 | 15 cm | 5 cm

Das Schneeglöckchen (*Galanthus nivalis*) braucht eigentlich nicht weiter vorgestellt zu werden. Als erster Frühlingsbote im Garten wird es immer sehnlichst erwartet. Die äußeren Blütenblätter der weißen Glöckchen sind abgespreizt, die inneren tragen je einen grünen Fleck. Die kaum weniger verbreitete Sorte 'Flore Pleno' hat gefüllte Blüten, die zart nach Honig duften. Bei 'Pusey Green Tip' warten innere wie äußere Blütenblätter mit einer grünen Spitze auf.

STANDORT

Schneeglöckchen sind in Waldgebieten ganz Europas heimisch. Pflanzen Sie die Zwiebeln deshalb unter Laub werfende Gehölze, so dass sie im Frühjahr reichlich Sonne haben, während der Ruheperiode aber im Schatten liegen.

VERMEHRUNG

Schneeglöckchenbestände werden von selbst größer; es bilden sich Tochterzwiebeln, und einige Arten säen sich auch aus. Um diese Eigenschaften voll auszunutzen, müssen sie die Gruppen teilen. Graben Sie Schneeglöckchen gleich nach der Blüte aus, solange das Laub noch grün ist, und setzen Sie die Zwiebeln sofort an ihren neuen Standort. Dies wird von den Pflanzen wesentlich besser vertragen, als wenn man sie während ihrer Ruhephase im Herbst hebt und umsetzt oder aber Zwiebeln in einem Gartencenter kauft.

PFLEGE

Regelmäßiges Teilen der Pflanzengruppen sorgt für eine reiche Blüte.

Unter den richtigen Bedingungen vermehren sich Schneeglöckchen rasch. Im Rasen verwilderte sind besonders hübsch – aber mähen Sie nicht zu früh!

Galium odoratum

Waldmeister

Waldmeister ist ein hübscher Bodendecker, der rasch einen Teppich aus hellgrünen Blättern bildet, die wie Radspeichen rings um die Stängel angeordnet sind. Im Spätfrühling sind sie mit kleinen weißen Blütensternen übersät. Das charakteristische Waldmeisteraroma entfaltet sich in den Blättern. Getrocknet riechen die Stängel nach Heu; früher legte man sie deshalb als Duftkissen in den Wäscheschrank.

STANDORT

Pflanzen Sie Waldmeister, der sich auch im lichten Schatten wohl fühlt, als Unkraut erstickenden Bodendecker unter höhere Blumen und Sträucher.

VERMEHRUNG

Die Pflanzen breiten sich rasch aus, und wo längere Stängel den Boden berühren, treiben sie oft Wurzeln. Man verpflanzt ganz einfach ein paar bewurzelte Stängel oder ganze Gruppen.

PFLEGE

In milderen Regionen sind die Pflanzen wintergrün, sehen aber oft unschön aus. Vor dem Neuaustrieb die alten Blätter entfernen. Das frische Grün aber nicht schneiden, sonst blüht Waldmeister nicht.

Die weißen Blütensterne des Waldmeisters duften nicht; das typische Aroma sitzt in den Blättern.

Geranium macrorrhizum

Felsenstorchschnabel

ZONE 4–8 | 25 cm | 60 cm

Kriechende Bodendecker wie der Felsen- oder Balkanstorchschnabel (*Geranium macrorrhizum*) sind ein Geschenk des Himmels für jeden Gartenbesitzer, der es eilig hat, sein Land zu begrünen. Sie sind nicht nur anspruchslos, sondern halten auch Unkraut in Schach. Der Felsenstorchschnabel besitzt die typischen, aus fünf Kronblättern bestehenden schalenförmigen Blüten, die bei der Art rosafarben leuchten. Sorten sind u. a. in Magentarot ('Bevan's Variety') und in Blassrosa mit dunkler Aderung ('Lohfelden') erhältlich. Die Blätter verströmen ein fast medizinisches Aroma, das man entweder mag oder entsetzlich findet. Sie nehmen eine hübsche Herbstfärbung an. Selbst die Samenstände sind attraktiv, mit einem langen „Schnabel", der die winterharten Storchschnäbel auszeichnet und dem die Gattung ihren deutschen Namen verdankt. Sie können sie für Trockenblumenarrangements verwenden.

Die Blüten des Braunen Storchschnabels (*G. phaeum*) (Zone 4–8) sind von fast schwarz wirkendem Violett und scheinen über dem Laub zu tanzen. Der Rosa Storchschnabel (*G. endressii*) (Zone 4–8) bringt den ganzen Sommer über leuchtend rosafarbene Blüten hervor. Er verbreitet sich über unterirdische Rhizome. Manchmal verschwindet er von seinem ursprünglichen Standort, um unvermittelt an einer anderen Stelle wieder aufzutauchen. Er eignet sich zur Kolonisierung nackter Bodenflächen.

STANDORT

G. macrorrhizum wächst in der Sonne wie im Schatten, übersteht selbst die trockensten Sommer und sieht doch immer gepflegt aus. Verwenden Sie ihn als Bodendecker unter Bäumen und Sträuchern, in einer niederen Staudenrabatte, zur Unterpflanzung von Rosen oder setzen Sie ihn in große Tröge. Auch *G. endressii* fühlt sich an sonnigen und absonni-

Der Felsenstorchschnabel blüht im Frühling und Frühsommer; im Herbst verfärbt sich sein Laub dekorativ.

gen Standorten wohl, während *G. phaeum* Schatten bevorzugt.

VERMEHRUNG

Viele Storchschnäbel säen sich im Garten selbst aus, und manche Sorten kreuzen sich zu neuen Blütenfarben. Gefällt Ihnen nicht, wo die Pflanzen aufgehen, verpflanzen Sie sie einfach. Langstängelige Arten wie *G. macrorrhizum* bilden auch Absenker. *G. phaeum* versamt sich, Sie können ihn aber auch im Spätsommer nach der Blüte teilen. Ausgegrabene Teilstücke von *G. engressii* wachsen im Regelfall schnell und problemlos an.

PFLEGE

G. macrorrhizum ist eine der pflegeleichtesten Pflanzen überhaupt und scheint praktisch schädlings- und krankheitsresistent. Wenn Sie Arten wie *G. phaeum* nach der Hauptblüte stark zurückschneiden und kräftig wässern, sollte ein zweiter Flor nachfolgen. Zur Samenreife bzw. Selbstaussaat reicht die Zeit dann freilich nicht mehr. Bei *G. macrorrhizum* darf man das nicht. Seine weit festeren Stängel bräuchten viel zu lange, um nachzuwachsen.

Der Braune Storchschnabel zählt zu den wenigen Pflanzen, die fast schwarze Blüten tragen. Das tiefdunkle Purpur setzt in der Rabatte interessante Akzente.

Helleborus orientalis

Nieswurz

ZONE 4–9 | 30 cm | 30 cm

Die Blüten der *Helleborus-orientalis*-Hybriden, manchmal auch Lenzrose genannt, präsentieren sich in einem breiten Spektrum von Violett- und Rosatönen, dazu kommen Dunkelpurpur und Weiß. Ihr Flor erscheint im zeitigen Frühjahr, und die Blüten sind ausgesprochen langlebig. Nach dem Welken der Kronblätter präsentieren sich die Samenkapseln kaum weniger dekorativ. Sollen sich die Pflanzen selbst aussäen, müssen sie ohnehin stehen bleiben. Züchter bieten bestimmte Sorten, doch es macht mehr Spaß, sich davon überraschen zu lassen, was die Pflanzen von sich aus hervorbringen. Sind auch die Samenkapseln leer und unansehnlich, bleibt immer noch das Laub – die ledrigen dunkelgrünen Blattschöpfe schmücken jede Staudenrabatte, und dies das ganze Jahr über, denn sie überwintern.

Andere einfach zu kultivierende Arten für naturnahe Gärten sind die Palmwedel-Nieswurz (*H. foetidus*), auch Stinkwurz genannt, deren Geruch man jedoch nur in unmittelbarer Nähe wahrnimmt. Ihre glockigen Blüten zeigen sich hellgrün mit purpurfarbigem Rand. Die Grüne Nieswurz (*H. viridis*) (Zone 6–8) erfreut sich bei Floristen großer Beliebtheit, wirft ihr Laub aber ab. Bekanntestes Mitglied der Gattung ist wohl die Christrose (*H. niger*) (Zone 4–8); sie trägt reinweiße Schalenblüten mit gelben Staubblättern. Wollen Sie makellose Blüten für Ihr Weihnachtsgesteck, schützen Sie sie mit einer Pflanzglocke vor Regenflecken etc.

STANDORT

Am besten gedeihen Nieswurzarten im lichten Schatten, doch sofern der Boden feucht bzw. mit Laubmulch oder verrottetem Dung bestreut ist, können Sie sie auch in der Sonne ziehen.

Die Orientalische Nieswurz (**Helleborus orientalis**) *trägt über dekorativem, wintergrünem Laub rosafarbene oder purpurne Blüten mit kontrastierenden Staubfäden.*

VERMEHRUNG

Die genannten Arten säen sich reichlich aus. Das Teilen größerer Pflanzen ist nicht risikofrei. Sicherer ist es, Sie schauen in einiger Entfernung (damit die Wurzeln der Elternpflanze nicht verletzt werden) nach Jungpflanzen und versetzen diese. Allerdings brauchen diese ein paar Jahre, bis sie blühen.

PFLEGE

Sobald im Frühjahr die Blüten erscheinen, schneidet man bei der Orientalischen Nieswurz die alten Blätter zurück. So kommen nicht nur die Blüten besser zur Geltung, es vermindert auch die Gefahr von Pilzbefall. Dunkle Flecken können ein erstes Anzeichen dafür sein. Entfernen Sie solche Blätter sofort.

Die Christrose (Helleborus niger) *blüht zur Weihnachtszeit; ältere Blüten sind zunehmend rosa überhaucht.*

Hosta

Funkie

ZONE 3–9 | 60 cm | 1 m

Funkien werden immer mehr zu Modepflanzen, und ständig gelangen neue Sorten dieser attraktiven Blattschmuckstaude auf den Markt. Einige der jüngsten Neuzüchtungen sind noch rar und entsprechend teuer. Doch es gibt auch jede Menge bewährte „alte". Die meisten Funkien werden hauptsächlich ihres Laubes wegen kultiviert, das einen wunderbar dekorativen Bodendecker abgibt und Leben in schattige Gartenecken bringt.

Farbe und Zeichnung der Blätter variieren zwischen Dunkel- und Gelbgrün, Blaugrau und Zartgelb, sind einfarbig, gemustert, hell oder dunkel gerandet und glänzend oder glatt, groß oder klein. In Japan schätzt man Funkien deshalb seit langem, und allmählich beginnen auch westliche Floristen, sie in Blumenarrangements zu verwenden. Die Schmalblatt- oder Weißrandfunkie (*H. sieboldii*) trägt grüne Blätter mit schmuckem weißem Rand und bringt im Spätsommer violette Blüten hervor. Sie ist relativ klein, aber wuchsfreudig. *H.* 'Invincible' (Zone 3–9) soll ihrem Namen alle Ehre machen und sich von Schnecken nicht unterkriegen lassen. Sie hat olivgrüne, glänzende Blätter und zart duftende violette Blüten. Auch *H. sieboldiana* (Zone 3–9), die Blaublattfunkie, wird ihrem deutschen Namen voll gerecht, schmückt sie sich doch mit blauem Laub. Noch ausgeprägter ist die Farbgebung bei der Sorte 'Elegans'.

STANDORT

Als Faustregel gilt: Funkien nur in den Schatten pflanzen. Volle Sonne verbrennt und beschädigt die Blätter. Bevorzugt wird nahrhafter Boden, auch lehmig darf es sein, sofern Sie einige Vorkehrungen treffen: Arbeiten Sie vor dem Einsetzen in Lehmboden ein oder zwei Spaten voll groben Sand sowie dieselbe Menge verrotteten

*Die goldgrüne Zeichnung der Gelben Grünrandfunkie (*Hosta fortunei *'Albopicta') verblasst, wenn die Blüten erscheinen.*

Mist oder Gartenkompost in die Erde ein. Funkien bieten sich an, wenn es gilt, einen schattigen Pfad zu säumen oder Bäume und Sträucher zu unterpflanzen. Zur Blüte kommen Funkien in sehr tiefem Schatten freilich nicht.

VERMEHRUNG

Funkien lassen sich leicht durch Teilung vermehren, doch sollten neu gepflanzte Exemplare ein paar Jahre Zeit haben, sich zu etablieren, bevor man sie wieder ausgräbt. Die Teilung erfolgt im Spätsommer nach der Blüte oder im zeitigen Frühjahr, bevor das Wachstum so richtig einsetzt. Einige Funkienarten säen sich aus, aber die Pflanzen, die daraus hervorgehen, sind höchst unterschiedlich.

PFLEGE

Im Herbst wird Gartenkompost oder verrotteter Mist dankbar angenommen, dasselbe gilt für die eine oder andere Gießkanne Wasser bei längerer Trockenheit. Funkienblätter ziehen Schnecken geradezu magisch an, doch gibt es Arten und Sorten, die weniger gefressen werden. Erkundigen Sie sich im Freundeskreis. Barrieren aus Eierschalen, Holzkohle, scharfkantigem Sand o. Ä. können helfen. Im Frühjahr schützen Minipflanzglocken die jungen Triebe vor den gefräßigen Räubern.

Die Blaublattfunkie (Hosta sieboldiana) *trägt gefältelte graue Blätter und weiße Blüten. Sie verträgt etwas Sonne.*

Hyacinthoides non-scripta

Hasenglöckchen

ZONE 4–9 | 40 cm | 10 cm

Das Atlantische Hasenglöckchen ist auch bei uns fast besser unter seinem englischen Namen „Bluebell" bekannt. Unter Laub werfenden Bäumen verwildert es und kann im Frühling einen blauen Teppich über das Land legen, der zudem zauberhaften Honigduft verströmt. Hasenglöckchen gibt es auch mit weißen oder rosafarbenen Blüten, und die Zipfel der Blütenglocken biegen sich immer weiter nach oben.

Fast genauso weit verbreitet ist das Spanische Hasenglöckchen (*H. hispanica*) (Zone 4–9). Es hat kräftigere Stängel und größere Blüten, die höher gehalten werden als die typischen nickenden Glöckchen der Bluebell. Größter Nachteil: Sie duften nicht. Dafür breiten sich Spanische Hasenglöckchen fast noch wuchskräftiger aus als die in Nordeuropa heimische Form. Pflanzen Sie beide Arten, kommt es zu Kreuzungen mit unterschiedlichen Eigenschaften.

STANDORT

Hasenglöckchen fühlen sich im lichten Schatten wohl und brauchen feuchten Boden, der nicht so rasch austrocknet.

VERMEHRUNG

Größere Gruppen im Herbst teilen. Markieren Sie den Standort mit einem gekennzeichneten Stöckchen, damit Sie ihn auch dann wiederfinden, wenn das Laub bereits eingezogen ist. Beide Arten versamen sich, es kann aber mehrere Jahre dauern, bis die Nachkommen zur Blüte gelangen. Außerdem vermehren sie sich über Brutzwiebeln.

PFLEGE

Bei richtiger Standortwahl brauchen Hasenglöckchen keine weitere Pflege.

Die himmelblauen Glöckchen der „Bluebell" läuten den Frühling ein. Pflanzen Sie sie unter sommergrüne Gehölze.

Iberis umbellata

Schleifenblume

ZONE 7–11 | 26 cm | 20 cm

Eine weitere verblüffend anspruchslose Gartenzierpflanze. Es gibt zwei Hauptarten: *Iberis umbellata*, die Doldige oder Sommerschleifenblume, bleibt niedrig und trägt flache Blütenköpfe. *I. amara*, die Bittere Schleifenblume, (Zone 7–11) wird wesentlich höher und bildet verzweigte Blütentürmchen. Beide Arten gibt es in Weiß sowie Rosa- und Purpurtönen.

STANDORT

Schleifenblumen brauchen volle Sonne, um zur Blüte zu kommen, und blühen fleißiger in mageren Böden. Säen Sie die niedrige *I. umbellata* an den Rabattenrand; die höhere *I. amara* passt besser in die Rabattenmitte.

VERMEHRUNG

Schleifenblumen säen sich aus, doch lassen sich Jungpflanzen kaum versetzen. Ziehen Sie stattdessen im Herbst einige Pflanzen heraus und schütteln Sie die Samen dort aus, wo Sie Nachwuchs wünschen. Alternativ können Sie Samen einsammeln und im folgenden Frühjahr aussäen.

PFLEGE

Ein Rückschnitt nach dem Hauptflor kann bei *I. umbellata* eine zweite Blüte anregen; allerdings könnte es passieren, dass bei diesen die Samen nicht mehr ausreifen.

Die Blüten der Doldigen Schleifenblume können Weiß, Rosa oder Violett sein und zart duften.

Iris germanica

Schwertlilie

ZONE 4–9 | 80 cm | 60 cm

Die Gattung *Iris* umfasst mehr als 300 Arten – von winzigen Zwergformen hin zu Wasser liebenden Sumpfiris. Mit am einfachsten zu ziehen ist die Deutsche Schwertlilie oder Bartiris. Diese Art, aus der eine enorme Sortenvielfalt herausgezüchtet wurde, besitzt stattliche purpurfarbene Blüten und dichte Büschel schwertförmiger grüner Blätter. Sie blüht im Frühling, und die Knospen erinnern an farbige Speerspitzen, bevor sie sich zu den prächtigen formvollendeten Irisblüten entfalten. Hybridzüchtungen haben die Farbpalette um Bronzebraun, Gelb, Brombeer und blau überhauchtes Cremeweiß erweitert.

STANDORT

Bartiris sind nicht anspruchsvoll, was den Boden angeht – solange er durchlässig ist. Den reichsten Flor erhält man an sonnigen Stellen. Höhere Sorten brauchen bei exponierter Lage eine Stütze.

VERMEHRUNG

Bartiris lassen sich leicht über Rhizomstückchen vermehren. Nehmen Sie bei der Teilung der Pflanze Schnittlinge (siehe unten). Die Rhizome brauchen Licht, ein Viertel bis die Hälfte des Rhizoms sollte über der Erde bleiben. Blätter zurückschneiden. Die Pflanzen sollten schon im nächsten Jahr blühen.

PFLEGE

Um optimal zu blühen, müssen Bartiris alle drei oder vier Jahre geteilt werden. Nehmen Sie die Pflanzen im Spätsommer nach der Blüte aus dem Boden und schneiden Sie den mittleren Teil heraus. Reichern Sie die Erde mit verrottetem Mist oder Gartenkompost an und setzen dann Rhizomstücke vom Rand wieder ein. Drahtwürmer können die Rhizome anfressen, was diese anfällig für Fäulnis macht.

'Pearly Dawn' ist eine hohe Bartiris, die im Spätfrühling und Frühsommer blüht.

Jasminum nudiflorum

Winterjasmin

ZONE 6–10 | 3 m | 1,8 m

Winterjasmin ist ein sommergrüner Spreizklimmer mit langen, bogig überhängenden Trieben, an denen im Winter und Frühjahr – noch vor den Blättern – leuchtend primelgelbe Blüten erscheinen. Bei entsprechender Witterung öffnen sich die Knospen schon vor Weihnachten.

STANDORT

Winterjasmin stellt keinerlei Ansprüche an den Boden und ist vollkommen winterhart.

VERMEHRUNG

Winterjasmin vermehrt sich praktisch ganz von allein. Wo immer eine Rute Bodenkontakt hat, bilden sich Wurzeln. Diese Absenker können Sie von der Mutterpflanze abtrennen und beliebig versetzen. Natürlich lassen sich die Triebe auch „künstlich" absenken (s. S. 23).

PFLEGE

Schneiden Sie Blütentriebe nach dem Verblühen bis auf wenige Zentimeter über dem Boden zurück (Winterjasmin blüht an den vorjährigen Trieben) und entfernen Sie Totholz. Lassen Sie ihn ungehindert wachsen, erreicht ein Winterjasmin 3 m oder mehr. Bietet man ihm ein passendes Gerüst, erklettert er Hauswände, Pergolen u. Ä.

Winterjasmin setzt im winterlich nackten Garten leuchtende Farbakzente.

Kerria japonica

Ranunkelstrauch

ZONE 5–9 · 3 m · 1 m

Die fröhlich leuchtenden gelben Pompons der Sorte 'Pleniflora' zählen zu den schönsten Blickfängen im Frühlingsgarten. Hauptnachteil des buschigen Strauches ist, dass ältere Exemplare außerhalb der Blütezeit sparrig und unattraktiv aussehen können.

STANDORT

Kerrien sind anspruchslos und gedeihen in der Sonne oder lichtem Schatten auf fast jedem Boden.

VERMEHRUNG

Kerrien sind einfach zu kultivieren und zu vermehren. Die Sträucher bilden Wurzelausläufer, die unweit der Mutterpflanze erscheinen. Diese können Sie ausgraben und nach Belieben versetzen. Im Sommer kann man auch Stecklinge nehmen, und Absenker sind möglich. Das ist allerdings die langwierigste Methode und normalerweise nicht nötig. Wird eine Staude zu groß, graben Sie sie einfach aus und teilen sie in mehrere Pflanzen.

PFLEGE

Wer ausreichend Platz hat, lässt seinen Ranunkelstrauch ungehindert wachsen. Andernfalls können Sie ihn grob in Form schneiden. Das muss allerdings unmittelbar nach der Blüte geschehen, will man nicht den Flor des nächsten Jahres gefährden. Von Zeit zu Zeit abgestorbene Triebe aus der Strauchmitte entfernen.

Nur in sehr rauen Lagen braucht der Ranunkelstrauch im Winter den Schutz einer Mauer. Überall sonst gedeiht er auch frei stehend.

Kolkwitzia amabilis

Kolkwitzie

ZONE 5–8 · 2–4 m · 2–3 m

Die Kolkwitzie, auch Perlmuttstrauch genannt, ist im Spätfrühling oder Frühsommer mit einer Fülle kleiner rosafarbener Blüten übersät. Diese erinnern an Fingerhutblüten; bei genauem Hinsehen erkennt man eine zarte gelborange Tüpfelung. Das restliche Jahr sieht der Strauch dank seiner kompakten Gestalt und der kleinen, zugespitzen stumpfgrünen Blätter sehr ansprechend aus. Die Sorte 'Pink Cloud' ist geringfügig kleiner, blüht aber genauso reich.

STANDORT

Kolkwitzien stellen keine hohen Ansprüche hinsichtlich Bodenqualität, blühen aber in voller Sonne am schönsten. Wenn Sie mit einem kleinen Ableger anfangen, planen Sie reichlich Platz ein – ein ausgewachsenes Exemplar kann einen Durchmesser von 2–3 m erreichen.

VERMEHRUNG

Kolkwitzien treiben in der Nähe der Mutterpflanze Wurzelausläufer, die man ausgraben und versetzen kann. Dies geht das ganze Jahr über, am besten aber im Frühjahr, damit die Jungpflanze Zeit hat, sich vor dem Winter einzugewöhnen.

PFLEGE

Rückschnitt ist eigentlich nicht nötig. Sie können aber nach der Blüte einige Triebe auf Bodenhöhe herausnehmen, wenn der Wuchs zu dicht ist.

Orange und Rosa, eine eher problematische Farbkombination, wirkt bei der Kolkwitzie höchst elegant.

Lamium galeobdolon

Goldnessel

ZONE 6–10 | 15 cm | 45 cm

Obwohl sie natürlich sehr zum Wuchern neigt, ist die Echte Goldnessel unter den richtigen Umständen eine überaus nützliche Gartenpflanze. Sie gedeiht auch an Stellen, wo sonst kaum etwas wächst. Haben Sie Angst, dass sie überhand nehmen könnte, wählen Sie einfach eine weniger wuchskräftige Sorte. 'Silberteppich' etwa breitet sich wesentlich langsamer aus, verträgt andererseits aber keinen trockenen Schatten. Auch die kleinere 'Herman's Pride' wächst langsamer, desgleichen 'Florentinum', die silbrig-weiß gefleckte Laub trägt.

STANDORT

Diese Art können Sie selbst in die dunkelste, schattigste Gartenecke pflanzen. Weniger wuchskräftige Sorten brauchen jedoch einen besseren Standort mit hochwertigerer Erde.

VERMEHRUNG

Die Goldnessel vermehrt sich durch Ausläufer, die Sie ausgraben und nach Bedarf verpflanzen können.

PFLEGE

Halten Sie innerhalb anderer Stauden Ausschau nach den silber-grünen Blättern der Goldnessel und reißen Sie diese aus, bevor sie richtig Fuß fassen. Schneidet man die Pflanzen nach der Blüte zurück, wird das Laub üppiger.

Die wuchsfreudige, attraktive Goldnessel gedeiht selbst an schattigen und trockenen Standorten.

Lavatera trimestris

Bechermalve

ZONE 8–11 | 1 m | 45 cm

Die Bechermalve schmückt sich mit jeder Menge becherförmiger Blüten, die an die der Stockrose erinnern. Die Art selbst blüht zartrosa, die Sorte 'Mont Blanc' reinweiß. Für eine einjährige Sommerblume erreicht die Bechermalve eine stolze Höhe und kommt dabei im Normalfall ohne Stütze aus. Die nahe verwandte ausdauernde Strauchmalve (*Lavatera olbia*) ist relativ problemlos zu kultivieren und vermehren, braucht aber Winterschutz. Winterhart ist hingegen die in Mitteldeutschland heimische staudige Thüringer Strauchpappel (*Lavatera thuringiaca*), die große Blütenschalen in Rosa oder Weiß trägt.

STANDORT

Um ihr Blühpotenzial voll auszuschöpfen, brauchen Bechermalven volle Sonne. Strauchmalven vertragen auch etwas Schatten. Beide Arten stellen keine großen Ansprüche an den Boden. Geben Sie ihnen aber ausreichend Raum.

VERMEHRUNG

Bechermalven säen sich bereitwillig aus; Sie haben also keine Arbeit damit. Die Samen keimen im Herbst – der ideale Zeitpunkt für eine erste Aussaat – zur Blüte im kommenden Sommer. Von Strauchmalven nimmt man im Frühjahr Stecklinge von grundständigen Trieben.

PFLEGE

Die einjährigen Pflanzen brauchen keinerlei Sonderbehandlung. Die bei uns nicht ganz winterharten Strauchmalven im Herbst nicht zurückschneiden, sondern mit einer Strohmatte o. Ä. einpacken.

Lavatera *'Bredon Springs' ist ein beschränkt winterharter Halbstrauch, der um die 180 cm hoch werden kann.*

Leucanthemum x superbum

Sommermargerite

ZONE 4–8 | 1 m | 60 cm

Die beliebte Sommermargerite ist eine zuverlässige Staude, die Jahr um Jahr den ganzen Sommer über blüht. Pflanzen Sie sie in eine Rabatte mit Mohn und Rittersporn. Stützen Sie alle drei Arten mit Staudenhaltern, damit ihnen Wind und Regen nichts anhaben können. Es gibt auch einige empfehlenswerte Sorten: 'Esther Read' trägt gefüllte weiße Blüten ohne erkennbares gelbes Zentrum.

STANDORT

Obwohl sie am schönsten in voller Sonne blühen, gedeihen Sommermargeriten auch im Halbschatten. Was den Boden angeht, sind sie relativ tolerant, bevorzugen es aber eher alkalisch. Bringen Sie deshalb etwas Kalk ein, wenn die Erde bei Ihnen recht sauer ist.

VERMEHRUNG

Sommermargeriten säen sich häufig selbst aus, aber Sie können größere Bestände auch im Frühjahr teilen. Sorten lassen sich ausschließlich durch Teilung erfolgreich vermehren; die wenigsten Sämlinge sehen nämlich ihren Eltern ähnlich.

PFLEGE

Sommermargeriten sind in aller Regel widerstandsfähig und werden kaum von Schädlingen oder Pilzen befallen.

'Esther Read' (oben) ist eine beliebte gefüllte Sorte der Sommermargerite. Sie wird bis zu 60 cm hoch.

Limnanthes douglasii

Sumpfblume

ZONE 8–10 | 15 cm | 20 cm

Trotz ihres deutschen Namens sind Sumpfblumen keineswegs Sumpfgewächse. Sie dürfen lediglich nicht austrocknen. Gartenfreunde schätzen sie vor allem, weil sie nützliche Insekten anlocken – insbesondere Schwebfliegen saugen häufig Nektar aus ihren weit geöffneten gelb-weißen Blüten. Und die Larven dieser Fliegen sind gefräßige Blattlausvertilger!

STANDORT

Sumpfblumen mögen feuchten Boden, der aber durchlässig sein muss. Sie eignen sich als hübscher Rabattenabschluss oder zur Begrünung von Kies- oder Pflasterflächen. Viele Gärtner kultivieren sie neben Gemüsepflanzen, damit sie Schwebfliegen anlocken. Das soll bei starkem Blattlausbefall helfen. Auch Bienen lieben diese Blumen. Und werden sie zum Gemüseland gelockt, haben Bohnen, Tomaten und andere Nutzpflanzen wesentlich bessere Chancen, bestäubt zu werden.

VERMEHRUNG

Sumpfblumen säen sich reichlich aus. Sie brauchen im Frühjahr nur Ausschau nach Jungpflanzen zu halten, diese ausgraben und an die gewünschte Stelle setzen. Fühlen sie sich in Ihrem Garten wohl, haben Sie sie für immer.

PFLEGE

Bei der Erstaussaat einmal im Herbst und einmal im Frühjahr säen. So werden Sie zuerst im Frühling und dann noch einmal im Sommer mit Blüten belohnt.

Der natürliche Lebensraum der Sumpfblume sind Feuchtwiesen und offenes Waldland. Heute findet man sie freilich vorwiegend in Gärten.

Linaria purpurea

Staudenleinkraut

ZONE 5–8 | 1 m | 60 cm

Das Staudenleinkraut trägt purpurviolette Blüten und ist eng mit der gelb blühenden Wildart verwandt, der man noch manchmal an Bahndämmen und Straßenböschungen begegnet.

STANDORT

Vor allem an sonnigen Stellen sät sich das Staudenleinkraut aus. Die Bodenqualität ist nicht so wichtig, es darf jedoch keine Staunässe geben.

VERMEHRUNG

Staudenleinkraut versamt sich reichlich; die Sämlinge lassen sich jedoch gut auszupfen. Rosafarbene und weiße Sorten sind weniger vermehrungsfreudig; sammeln Sie von beiden sicherheitshalber Samen ein und säen Sie diese im Frühjahr. Mit einem Frühbeet können Sie besonders zeitig loslegen.

PFLEGE

An exponierten Stellen benötigen die Pflanzen eine Stütze. Andererseits ist ein umgeknickter Stängel hier kein Drama – schneiden Sie ihn einfach für die Vase; neue wachsen bald nach.

Das Staudenleinkraut sät sich so reichlich aus, dass man viele Blütenstände für die Vase schneiden kann.

Lobularia maritima

Duftsteinrich

ZONE 7–10 | 10 cm | 20 cm

Die zahllosen kleinen weißen Blüten des Duftsteinrichs sind Ihnen sicherlich vertraut. Besonders häufig findet man ihn in Kombination mit Männertreu (*Lobelia erinus*) – die weiß-blauen Pflanzmuster werden gerade von Stadtgärtnern gern als Beeteinfassung verwendet. Doch der Duftsteinrich verdient eine wesentlich weitere Verbreitung. Als Selbstaussamer taucht er nach einer Weile an Stellen auf, die Sie ihm nie zugemutet hätten, und besiedelt sogar Pflaster- und Mauerfugen. Die Blüten duften süß nach Honig und sind auch in anderen Farben erhältlich: 'Royal Carpet' präsentiert sich in Purpurrot, 'Rosie O'Day' in Rosa, und 'Violet Queen' ist, wie ihr Name vermuten lässt, violett.

STANDORT

Säen Sie in eine Saatschale am Fensterbrett oder ab April direkt ins Freiland. Duftsteinrich bevorzugt volle Sonne und gut durchlässigen Boden, ist aber hinsichtlich Bodenqualität nicht wählerisch. Die Keimlinge verziehen und falls gewünscht verpflanzen.

VERMEHRUNG

Stimmen die klimatischen Bedingungen, sät sich Duftsteinrich immer wieder von neuem aus.

PFLEGE

Rückschnitt fördert eine Nachblüte; aber lassen Sie unbedingt einige Blüten stehen, damit sie Samen ansetzen.

Duftsteinrich ist eine alte Beetpflanze, die in einer gemischten Rabatte sehr hübsch zur Geltung kommen kann.

Lunaria annua

Silberling

ZONE 8–10 | 75 cm | 30 cm

Der Silberling ist vor allem für seine runden Samenschoten bekannt, die, wird die Oberhaut vorsichtig abgerieben, wie schimmernde Silbermünzen leuchten. Sie werden gerne für Trockenblumenarrangements verwendet, setzen aber natürlich auch im herbstlichen Garten glänzende Lichtakzente. Auch die Blüten sind auf unaufdringliche Art attraktiv – ein bisschen wie Nachtviolen, aber leider ohne deren Duft (eine Ausnahme bildet die Sorte *Lunaria annua* 'Munstead Purple'). Unter den im Umlauf befindlichen Sorten verdient besonders *L. annua* var. *albiflora* Erwähnung, die weiß blüht, während sich 'Variegata' durch panaschiertes Laub zu violetten oder weißen Blüten auszeichnet.

STANDORT

Sofern der Boden ihren Ansprüchen genügt, wachsen Silberlinge in Sonne und lichtem Schatten. Säen Sie sie im Spätsommer direkt ins Freiland, dann erscheinen im folgenden Frühjahr die Blüten.

VERMEHRUNG

Der Silberling sät sich selbst aus, und die Sämlinge lassen sich problemlos versetzen. Man erkennt sie unschwer an ihren gezähnten, nesselartigen Blättern.

PFLEGE

Wenn Sie die Schoten für Trockengestecke schneiden wollen, tun Sie das, bevor sie vom Regen verunstaltet werden. Nehmen Sie dazu alle Triebe, müssen Sie Samen sammeln. Reiben Sie dazu die Oberhaut vorsichtig ab, heben Sie die herausfallenden Samen auf und streuen sie direkt in den Garten. Werden die Schoten vor der Reife geerntet, bleiben die „Silberlinge" auch in getrocknetem Zustand grün – aber Sie haben keine Samen fürs nächste Jahr.

Lunaria annua *'Variegata' schmückt sich mit weißgerandetem Laub, das Licht in schattige Gartenecken bringt.*

Lychnis coronaria

Kronenlichtnelke

ZONE 4–8 | 60 cm | 30 cm

Diese Lichtnelke hat silbergrau behaarte Blätter, vor denen sich die karminroten Blüten wunderschön abheben. Es gibt auch weiß ('Alba') und tief rot blühende Formen (Atrosanguinea-Gruppe), die ebenso wuchsfreudig sind. Die heimische Kuckuckslichtnelke (*Lychnis flos-cuculi*) (Zone 3–8) ist eine Wiesenpflanze mit tief geteilten Kronblättern.

STANDORT

Kronenlichtnelken mögen mageren, ja sogar trockenen Boden. Am schönsten blühen sie in voller Sonne, weniger reich im lichten Schatten. Kuckuckslichtnelken brauchen feuchten Boden.

VERMEHRUNG

L. coronaria ist ein eifriger Selbstaussamer. Die Sämlinge, die man unschwer an ihren charakteristischen Blättern erkennt, lassen sich gut versetzen.

PFLEGE

Bei ungünstiger Witterung kann Mehltau auftreten. Wenn Ihr Bestand groß genug ist, reißen Sie befallene Pflanzen heraus; andernfalls schneiden Sie sie radikal zurück (s. S. 29).

Die verzweigten Stängel der dekorativen Kronenlichtnelke brauchen im Normalfall keine Stütze.

Lysimachia nummularia

Pfennigkraut

ZONE 4–10 | 2,5 cm | 1 m

Pfennigkraut ist ein flach wachsender Bodendecker, der mit verblüffender Geschwindigkeit kahle Flächen besiedelt – und dies, ohne nennenswert von Schnecken befallen zu werden. Es hat leuchtend gelbe Blüten und behält im Winter teilweise seine Blätter – ein weiterer großer Vorzug. Wer farbliche Abwechslung sucht, besorgt sich das Goldpfennigkraut (*L. nummularia* 'Aurea'), das mit effektvollem goldbronzenem Laub besticht.

Nahe verwandt ist der ebenfalls bei uns heimische Gilbweiderich (*Lysimachia vulgaris*) (Zone 5–10). Seine im gleichen Goldgelb leuchtenden Blüten erscheinen in lang gestielten Trauben. Sofern es Ihnen nichts ausmacht, dass ständig verwelkte Blüten abfallen, gibt er eine hübsche Schnittblume ab. Der Gilbweiderich, der übrigens auch unter dem Namen Gemeiner Felberich bekannt ist, füllt rasch selbst größere Lücken im Staudenbeet. Es macht jedes Jahr von neuem Freude zu beobachten, wie die jungen Triebe im Frühjahr ans Licht drängen.

Leicht mit dem Gilbweiderich zu verwechseln ist der Goldfelberich oder Punktierte Gilbweiderich (*Lysimachia punctata*). Er sieht sehr ähnlich aus, bevorzugt aber einen feuchteren Standort, vielleicht sogar in Wassernähe. Sollten Sie einen Ableger geschenkt bekommen und weder Teich noch Bachlauf in Ihrem Garten haben, setzen Sie ihn einfach an einen nicht zu trockenen Platz in frischer Erde. Mit hoher Wahrscheinlichkeit gedeiht er dort auch. Etwas zierlicher wirkt *L. ciliata* 'Firecracker', der sich mit dunklem Laub schmückt.

Weniger wuchskräftig als die oben erwähnten, weit verbreiteten gelb blühenden Arten ist der Schneefelberich (*L. clethroides*) (Zone 4–9).

Seine weißen Blütenkerzen haben eine charakteristische überhängende Form – daher auch sein zweiter deutscher Volksname: Entenschnabelfelberich. Wird er im Schatten kultiviert, wandern die Blütenstände immer mit der Sonne mit.

STANDORT

Das Pfennigkraut lockert Pflasterflächen und Mauern auf und kaschiert den Übergang zum Gartenteich. Gilbweiderich fühlt sich in Sonne und Schatten gleichermaßen wohl, braucht aber gute Erde und freut sich bei trockener Witterung über Wassergaben. Schneefelberich braucht feuchten Boden, wenn er bei sommerlichen Temperaturen nicht leiden soll.

VERMEHRUNG

Gilbweiderich im Frühjahr teilen und sofort wieder in die Erde setzen. Vom Pfennigkraut gräbt man einfach etwas aus und pflanzt es an anderer Stelle ein. Sie können auch im Frühjahr Stecklinge nehmen und sie in Wasser bewurzeln lassen.

PFLEGE

An windigen Standorten muss der Gilbweiderich möglicherweise gestützt werden. Pfennigkraut stellt keinerlei Pflegeansprüche. Teilen Sie die Pflanzen alle paar Jahre, wenn sie zu stark wuchern. Das hat obendrein den Vorzug, dass sie dann besser blühen.

Pfennigkraut (Lysimachia nummularia) *ist ein niedriger, praktisch unverwüstlicher Bodendecker für absonnige bis schattige Gartenpartien.*

Macleaya cordata

Federmohn

ZONE 4–9 | 1,8 m | 60 cm

Bei Federmohn handelt es sich um eine imposante Blattschmuckstaude, die in nur einem Sommer 180 cm erreichen kann und eine zentrale Rolle im Pflanzenensemble des Gartens übernimmt. Er treibt bis zu 60 cm große lockere Rispen cremeweißer Blüten und besitzt wunderschön gelappte, unterseits flaumig behaarte Blätter.

Der Weiße Federmohn (*M. cordata*) selbst verbreitet sich sehr langsam, doch häufig bekommt man unter dem Namen *M. cordata* den invasiven *M.* x *kewensis*, der stark zum Wuchern neigt. Wollen Sie ihn daran hindern, heißt es frühzeitig entsprechende Schritte einleiten (s. S. 34). Brauchen Sie hingegen einen großformatigen Lückenfüller bzw. Sichtschutz, lassen Sie ihm freien Lauf. Der ebenfalls wuchskräftige Ockerfarbige Federmohn (*M. microcarpa*) bringt interessante pergamentartige Samenkapseln hervor.

STANDORT

Wegen seiner beachtlichen Höhe braucht der Federmohn einen Platz im hinteren Teil der Rabatte oder sollte als Solitärstaude gezogen werden.

VERMEHRUNG

Federmohn verbreitet sich durch Wurzelausläufer. Die Ableger, die in geringer Entfernung zur Mutterpflanze erscheinen, kann man abtrennen und verpflanzen.

PFLEGE

Um die wuchernden Arten in Schach zu halten, legt man ringsum einen Graben an und steckt vor dem Auffüllen alte Dachziegel o. Ä. hinein. Eine solche unterirdische Barriere sollte selbst starkwüchsigem Federmohn seine Grenzen weisen.

Die großen gelappten Blätter des Federmohns sind unterseits kurzflaumig behaart.

Melissa officinalis

Zitronenmelisse

ZONE 4–9 | 60 cm | 30 cm

Die Blätter der Zitronenmelisse verströmen das charakteristische erfrischende Aroma, indes sich die winzigen weißen Blüten versteckt halten. Wer panaschierte Pflanzen liebt, sollte sich um *Melissa officinalis* 'Aurea' bemühen; sie präsentiert sich mit goldgelb geflammtem Laub.

STANDORT

Zitronenmelisse gedeiht in der Sonne oder im Schatten in fast jedem Boden. Sie kann selbst trockene und schattige Gartenpartien beleben, die sonst kaum zu begrünen sind. Pflanzen Sie sie im Frühjahr oder Herbst, und sie wird sich bereitwillig versamen.

VERMEHRUNG

Sind die Pflanzen einmal etabliert, halten Sie in der näheren (und manchmal auch weiteren) Umgebung Ausschau nach Sämlingen. Man kann Zitronenmelisse auch teilen – einfach einen bewurzelten Teil der Pflanze abstechen.

PFLEGE

Um die charakteristische Blattzeichnung der weißbunten Sorte beizubehalten, schneiden Sie die Blütenstände nach der Blüte zurück. Dies verhindert natürlich die Selbstaussaat; man muss solche Pflanzen folglich teilen.

Zerreiben Sie öfter einmal ein Blatt der aromatischen Zitronenmelisse zwischen den Fingern.

Mentha

Minze

ZONE 3–10 | 30 cm | 30 cm

Minzen lassen sich grob aufteilen in essbare und andere, die zwar gleichfalls aromatisch, aber nicht unbedingt für die Küche geeignet sind. Die Grüne Minze (*Mentha spicata*) (Zone 3–10) hat rötliche Stängel, schmale, dunkelgrüne Blätter und verströmt intensiven Geruch. Die Blätter der Apfelminze (*M. suaveolens*) (Zone 5–9) sind rundlich und behaart, was sie nicht ganz so appetitlich aussehen lässt. Angeblich ist sie jedoch die beste Art für Minzsaucen. *M. spicata* var. *crispa* 'Moroccan' trägt blassgrüne, deutlich gefältelte Blätter und wird in Nordafrika als Teepflanze angebaut. Marokkaner nehmen eine gute Hand voll Blätter pro Glas; bauen Sie also reichlich an, wenn Sie regelmäßig Minztee trinken wollen. Bei uns bekannter und – nicht nur für Getränke – verbreiteter ist die Pfefferminze (*Mentha* x *piperita*).

Unter den dekorativen Gartenminzen verdienen vor allem die Fruchtminzen (*M.* x *piperita f. citrata*) (Zone 3–10) Erwähnung, die je nach Sorte z. B. nach Kölnischwasser, Bergamotte oder Orange duften. Sie eignen sich für erfrischende Potpourris oder als Badezusatz. Die Edelminze (*M.* x *gracilis* 'Variegata') (Zone 3–10) trägt goldgefleckte Blätter, während sich die Ananasminze (*M. suaveolens* 'Variegata') mit cremeweiß gerandetem Laub schmückt.

Alle Minzen haben winzige Lippenblüten in Rosa, Violett oder Weiß, die in Quirlen oder lockeren Ähren erscheinen. Bienen fliegen sie gerne an.

STANDORT

Pflanzen Sie Minzen an einen sonnigen oder eher schattigen Platz in, wenn möglich, eher

Aus vielen Minzen, darunter die auch medizinisch wirksame Pfefferminze (Mentha x piperita), *lässt sich ein aromatischer Tee aufgießen. Minztee ist besonders in nordafrikanischen Ländern weit verbreitet.*

feuchten Boden. Werden sie in einem Kräutergarten kultiviert, empfiehlt es sich, das Wurzelwachstum mit Barrieren zu beschränken, damit sie nicht das ganze Beet erobern und plötzlich inmitten anderer, weniger robuster Stauden auftauchen. Am einfachsten pflanzt man sie dazu in einen Eimer ohne Boden oder einen großen Blumentopf, der bis zum Rand in die Erde eingegraben wird (s. S. 34).

VERMEHRUNG

Minzen lassen sich zu jeder Jahreszeit teilen. Auch Stecklinge bewurzeln im Regelfall rasch. Wenn Sie ein Gefäß mit Minzstängeln auf dem Küchenfensterbrett stehen haben, bilden einige wahrscheinlich schon Wurzeln, bevor Sie sie aufgebraucht haben. Damit Sie auch im Winter Vorrat haben, pflanzen Sie ein paar Wurzeln in Töpfe und ziehen sie im Haus.

PFLEGE

Minzen sind anfällig für Rost. Bei leichtem Befall schneiden Sie die betroffenen Stängel ab und werfen sie in den Müll (nicht in den Kompost!). Überwintert der Rost aber auf den Pflanzen, könnte es sein, dass Sie den ganzen Stock ausgraben und vernichten müssen. Setzen Sie die Ersatzpflanzen an eine andere Stelle im Garten.

Minzen kreuzen sich häufig, und nicht selten entstehen dabei ausgefallene „Muster" wie diese Blattberandung.

Milium effusum 'Aureum'

Goldwaldhirse

ZONE 5–8 | 30 cm | 20 cm

Nicht umsonst erfreuen sich Gräser bei Pflanzenfreunden wachsender Beliebtheit und dürften heute eigentlich in keinem Garten mehr fehlen. Die Goldwaldhirse, wegen ihrer zauberhaft lockeren Blütenrispen auch Flattergras genannt, ist als Einstieg in die Ziergraskultur ideal. Sie bildet relativ niedrige Polster, und sowohl Blätter als auch Stängel und Blütenstände präsentieren sich in einem fröhlichen Gelb, das in der Frühlingssonne regelrecht zu leuchten scheint. Wird das Gras im Schatten gezogen, verkümmert der Goldglanz zu einer Art Gelbgrün. Die charakteristischen Ähren erscheinen im Frühsommer. Mit steigenden Temperaturen zieht sich das Gras zurück, um dann jedoch im Herbst noch einmal neu durchzustarten. Dieses Verhalten ist typisch für Gräser aus den gemäßigten Zonen.

STANDORT

Obwohl sie in der Sonne am schönsten zur Geltung kommt, gedeiht die Goldwaldhirse insgesamt besser im Schatten. Sie braucht auch feuchten Boden – am besten setzt man sie unter Bäume.

VERMEHRUNG

Das Gras sät sich zwar selbst aus, aber dies geschieht nur sehr langsam. Halten Sie im Frühling Ausschau nach Sämlingen und verpflanzen Sie sie nach Bedarf.

PFLEGE

Im ersten Jahr darf die Goldwaldhirse nicht austrocknen. Sie sollten sie also regelmäßig wässern. Sind die Pflanzen einmal gut etabliert, machen sie keinerlei Arbeit mehr.

Schmuckgräser wie die Goldwaldhirse verleihen dem Garten das ganze Jahr über Struktur und brauchen, einmal etabliert, kaum noch Pflege.

Muscari neglectum

Traubenhyazinthe

ZONE 4–10 | 20 cm | 10 cm

Es gibt etliche Traubenhyazinthen. Die vermehrungsfreudigste ist die Weinberg-Traubenhyazinthe (*Muscari neglectum*), die zudem die dunkelsten Blüten trägt. Die Armenische Traubenhyazinthe (*M. armeniacum*) (Zone 4–10) ist ebenfalls wuchskräftig; ihre Blütentrauben sind dichter bestückt und purpurblau.

STANDORT

M. neglectum hat kein sehr schönes Laub; kombinieren Sie sie also mit Pflanzen, die dies kaschieren. Sämtliche Traubenhyazinthen tolerieren Schatten, der jedoch nicht zu tief sein darf. Sonst kommen sie nicht zur Blüte.

VERMEHRUNG

Muscari neglectum versamt reichlich; die jungen Pflanzen blühen nach drei Jahren. Beide o. g. Arten bilden Nebenzwiebeln – Miniaturzwiebeln, die bald zu kräftigen Pflanzen heranwachsen. Warten Sie mit dem Ausgraben bis zum Sommer, wenn die Zwiebeln Ruhezeit haben.

PFLEGE

Die Teilung größerer Bestände bringt nicht nur mehr Pflanzen, sondern erhöht auch die Blühfreudigkeit der etablierten Traubenhyazinthen.

Traubenhyazinthen verbreiten sich rasch – durch Versamen sowie durch Tochterzwiebeln.

Myosotis sylvatica

Vergissmeinnicht

ZONE 5–10 | 30 cm | 15 cm

Neben dem klassischen Vergissmeinnichtblau gibt es diese Pflanzen auch in Rosa, Weiß und in Mischfarben. 'Victoria Mixed' etwa blüht blau, weiß und rosafarben. Der botanische Name *Myosotis* leitet sich vom griechischen Wort für Mauseohr ab – wegen der behaarten Blätter.

STANDORT

Vergissmeinnicht sind genügsame Pflanzen, die in den meisten Gärten gedeihen. Am besten wachsen sie im lichten Schatten auf gut durchlässigem Boden. Zum Sommer hin werden sie sparrig; ziehen Sie sie dann heraus und füllen Sie die Lücken mit Sommerblumen.

VERMEHRUNG

Vergissmeinnicht samen sich reichlich aus. Wollen Sie auf Nummer sicher gehen, schütteln Sie die herausgezogenen Pflanzen über dem Beet kräftig ab. Im Herbst keimende Samen bringen im kommenden Frühjahr bereits Blüten. Jungpflanzen lassen sich einfach ausgraben und versetzen oder als Topfpflanze verschenken.

PFLEGE

Mehltau kann zum Problem werden, wenn er frühzeitig zuschlägt. Tritt er erst später auf, einfach die Pflanzen herausziehen und vernichten.

Aus Vergissmeinnicht lassen sich wunderhübsche romantische Frühlingssträußchen binden.

Nigella damascena

Jungfer-im-Grünen

ZONE 6–10 | 45 cm | 25 cm

Jungfer-im-Grünen, auch Gretel-im-Busch oder Schwarzkümmel genannt, ist eine der ältesten einjährigen Bauerngartenpflanzen und sät sich reichlich aus. Die Art trägt blaue Blüten mit einer an zarte Spitze erinnernden filigranen Halskrause. Die Sorte 'Persian Jewels' bringt Blüten in Rosa, Weiß, Lavendel- und Indigoblau hervor. 'Miss Jekyll' schmückt sich mit zartblauen Kronblättern, 'Mulberry Rose' mit blassrosafarbenen. Nach der Bestäubung entwickeln sich die Fruchtstände und schwellen zu auffälligen gehörnten Kapseln an, die für Trockenblumenarrangements beliebt sind. Die Samen sind aromatisch und werden in Marokko gegen eine verstopfte Nase verwendet: Samen in ein Stück Musselin wickeln, zerstoßen und dann schnupfen.

STANDORT

N. damascena ist ein Sonnenkind, das guten Boden braucht. Bei der Erstaussaat direkt ins Freiland säen. Die Keimlinge verziehen, damit die verbleibenden Pflanzen bessere Lebensbedingungen haben. Leider überleben die herausgezupften Sämlinge das Verpflanzen nicht.

VERMEHRUNG

Reichliche Selbstaussaat. Im Normalfall ersetzen Jungpflanzen ihre Vorgänger und verbreiten sich kräftig. Da die Sämlinge nur schlecht zu versetzen sind, lässt man sie am besten, wo sie sind. Sammeln Sie stattdessen Samen: einfach die für Trockengestecke gedachten Fruchtstände in einer großen Papiertüte aufhängen.

PFLEGE

Schneidet man die Blüten nach dem Flor, verlängert dies die Gesamtblühzeit. Lassen Sie aber unbedingt einige Pflanzen intakt, um die Aussaat fürs nächste Jahr zu sichern.

Sobald die Blüten der Jungfer-im-Grünen welken, schwellen die gehörnten Samenkapseln zu ihrer charakteristischen Form an.

Oenothera biennis

Nachtkerze

ZONE 4–10 | 1 m | 35 cm

Die stattlichen Blütenstände der Gewöhnlichen Nachtkerze (*O. biennis*) tragen eine Krone aus Knospen, die der Reihe nach aufgehen. Insgesamt dauert der Flor vom Hochsommer bis in den Herbst hinein. Die kurzlebigen Blüten öffnen sich am Abend und locken mit ihrem süßlichen Duft Nachtfalter an. Dass diese Pflanze mitunter als Unkraut gilt, ist sicher auf ihre überreiche Selbstaussaat zurückzuführen. Die Sämlinge sind aber leicht erkennbar und rasch ausgezupft. Außerdem können Sie einen Großteil der Samenstände vor der Reife entfernen.

STANDORT

Nachtkerzen brauchen volle Sonne und gut durchlässigen Boden.

VERMEHRUNG

Nachtkerzen versamen sich reichlich, und die Sämlinge lassen sich gut verpflanzen. Da es sich um Zweijährige handelt, könnte es sein, dass Sie einmal ein Jahr ohne Flor sind. Im Frühling gekeimte Exemplare blühen erst im Sommer des folgenden Jahres.

PFLEGE

Pflegeleicht und widerstandsfähig.

Die duftenden Blüten der Nachtkerze locken jede Menge Nachtfalter in den Garten.

Ornithogalum umbellatum

Doldenmilchstern

ZONE 5–10 · 25 cm · 30 cm

Schon bevor sie Mitte des Frühlings zu blühen beginnt, treibt diese auch Stern-von-Bethlehem genannte Zwiebelblume kräftige Büschel grasartiger Blätter mit weißer Mittellinie. Die Blüten selbst sind zauberhafte reinweiße Sterne mit einem außenseitigen grünen Streifen – sie geben wunderhübsche Sträußchen für den Nachttisch ab. Im Schatten wartet man freilich oft vergebens auf Flor; andererseits neigt der Doldenmilchstern dort, wo er sich wohl fühlt, zum Verwildern und hat rasch ein Frühlingsbeet erobert. Der verwandte Nickende Milchstern (*O. nutans*) (Zone 6–10) wächst höher und bringt größere Blüten hervor.

STANDORT

Der Doldenmilchstern gedeiht auch im lichten Schatten, reichere Blüte gibt es aber an sonnigen Orten. Im Schatten werden fast ausschließlich Blätter produziert. Wählen Sie unbedingt einen Platz mit gut durchlässigem Boden und pflanzen Sie ihn neben Arten, die von dem wenig interessanten Laub ablenken. Vergissmeinnicht (*Myosotis sylvatica*) sind ideal.

VERMEHRUNG

Größere Gruppen vermehren sich rasch durch Versamen und Tochterzwiebeln. Am besten teilt man die Bestände im Sommer, wenn die Pflanzen Ruhezeit haben. Markieren Sie im Frühling Stellen mit überreichem Wuchs, damit Sie später im Jahr noch wissen, wo Sie graben müssen.

PFLEGE

Eine regelmäßige Teilung fördert die Blühfreudigkeit.

Der Nickende Milchstern (Ornithogalum nutans) *ist ideal zum Verwildern in Rasenflächen, wo er rasch auch größere Flächen besiedelt.*

Osteospermum 'Lady Leitrim'

Kapkörbchen

ZONE 8–10 | 60 cm | 60 cm

Obwohl Kapkörbchen in Südafrika heimisch sind, gedeihen einige Sorten auch in etwas kälteren Klimazonen. Sämtliche Arten tragen margeritenartige Blüten. 'Lady Leitrim' schmückt sich mit weißen Kronblättern mit metallisch mauvefarbener Unterseite, die sichtbar wird, wenn sich die Blüten am Abend schließen. *O. ecklonis* ist weiß mit graublauer Rückseite.

STANDORT

Suchen Sie einen Platz, der den größten Teil des Tages Sonne hat, am besten in gut durchlässiger Erde. Letzteres können Sie beeinflussen, indem Sie in schweres Erdreich verrotteten Mist und groben Sand einarbeiten.

VERMEHRUNG

Die Pflanzen bilden an einigen Stängelstellen Wurzeln, und wenn Sie einen solchen Stängel schneiden und einpflanzen, haben Sie eine neue Pflanze. Diese können Sie an anderer Stelle im Garten wieder einsetzen, verschenken oder im Topf weiter kultivieren.

PFLEGE

Diese Sorte verträgt leichten Frost und bleibt niedrig genug, um ohne Stütze auszukommen.

Pflanzen Sie Kapkörbchen in die Sonne, da sich die Blüten im Schatten oder bei Bewölkung schließen.

Paeonia officinalis

Pfingstrose

Pflingstrosen werden seit Jahrhunderten kultiviert und gehören in jeden Bauerngarten. Die Pflanzen sind extrem langlebig; mitunter blühen sie unverdrossen, wenn das Haus längst verfallen und der restliche Garten hoffnungslos verwildert ist. (Ähnliches gilt übrigens auch für Fliederbüsche und natürlich Heckenrosen.) Die Echte oder Bauernpfingstrose (*Paeonia officinalis*) trägt einfache rote Blüten mit gelben Staubfäden und duftet leicht. Es gibt eine gefüllte Sorte, 'Rosea Plena', die deutlich üppiger wirkt, aber keinen Duft verströmt.

STANDORT

Setzen Sie Pfingstrosen am besten in volle Sonne oder Teilschatten und nährstoffreichen, leicht lehmigen Boden. Ist die Erde zu mager, arbeiten Sie vor dem Einpflanzen verrotteten Mist oder Gartenkompost ein. Lassen Sie den Pflanzen viel Raum.

VERMEHRUNG

Wenn Sie die welken Blüten stehenlassen, säen sich *P. officinalis* und sogar 'Rosea Plena' mit etwas Glück selbst aus. Alternativ können Sie im folgenden Jahr den Samen einsammeln und in einem Frühbeet zum Keimen bringen. Größere Exemplare können im Herbst geteilt werden. Verletzen Sie die Wurzeln möglichst wenig und pflanzen Sie sie umgehend wieder ein, nachdem Sie den Boden mit verrottetem Mist angereichert haben. Es kann ein bis zwei Jahre dauern, bis sich die Pflanzen erholt haben und wieder blühen.

PFLEGE

Werden ältere Exemplare blühfaul, ist es vielleicht an der Zeit, sie zu teilen und den Boden zu verbessern. Auch eine Gabe Mist im Frühjahr kann die Blühfreudigkeit verstärken.

'Rosea plena', eine gefüllt blühende Sorte der einfachen Bauernpfingstrose, hat im Zuge der „Veredelung" leider ihren Duft verloren.

Papaver orientale

Türkenmohn

ZONE 4–9 | 1 m | 60 cm

Die Blüten des Türkenmohns halten zwar nur relativ kurz, setzen aber spektakuläre Farbtupfer. Es sind riesige offene rote Schalen mit einem dunklen Fleck am Grund jedes Blütenblatts und jeder Menge kohlrabenschwarzer Staubblätter. Schon die Knospen bieten eine Schau – sie gleichen behaarten grünen Vogeleiern, die langsam aufplatzen und die seidenpapierartigen Kronblätter freigeben. Nach der Blüte bleiben die hübschen Samenkapseln noch eine ganze Weile als Schmuck in der Rabatte stehen. Neben der roten Art gibt es ein breites Spektrum andersfarbiger Sorten. 'Cedric's Pink' hat blassrosa Kronblätter mit dem typischen schwarzen Grundfleck. 'Perry's White' treibt weiße Blüten mit roten Flecken und violetten Staubfäden.

STANDORT

Türkenmohn braucht volle Sonne und gut durchlässigen Boden. Nach heftigen Regenschauern oder Wind können die Blüten unansehnlich werden; versuchen Sie dem durch Abstützen vorzubeugen. Nach dem Flor ziehen die Pflanzen ein. Sorgen Sie also für Nachbarn, die die entstehenden Lücken kaschieren. Sehr beliebt sind Sommermargeriten, die um etwa diese Zeit Knospen ansetzen.

VERMEHRUNG

Staudenmohn verbreitet sich durch unterirdische kriechende Rhizome, und die Horste lassen sich leicht teilen. Am besten tut man dies im Anschluss an die Blüte. Um dieselbe Zeit können Sie auch Wurzelschnittlinge nehmen (s. S. 25).

PFLEGE

Schnecken können Jungpflanzen über Nacht bis auf Bodenhöhe abfressen. Setzen Sie Pflanzglocken oder Schneckenbarrieren ein (s. S. 28).

Die spektakulären Blüten des Türkenmohns können Desserttellergröße erreichen.

Phacelia tanacetifolia

Bienenfreund

ZONE 8–11 | 1 m | 30 cm

Bienenfreund oder Büschelschön ist eine ungewöhnliche Einjährige mit üppigem farnähnlichem Laub und violetten Blütenköpfen, die von der Form her an einen jungen aufgerollten Farnwedel erinnern. Heute begegnet man ihr vor allem auf Gemüseanbauflächen zur Gründüngung – einer alten Landwirtsmethode: Die Pflanzen werden zur Bodenverbesserung auf brach liegenden Flächen angebaut und am Ende der Wachstumssaison untergepflügt, um die Nährstoffe an das Erdreich zurückzuführen.

STANDORT

Wählen Sie einen sonnigen Platz mit magerem Boden. Säen Sie im Frühjahr direkt ins Freiland, dann erscheinen die Blüten noch im gleichen Sommer.

VERMEHRUNG

Bienenfreund sät sich reichlich aus, und die Sämlinge vertragen das Verpflanzen gut, solange sie klein sind.

PFLEGE

Diesen Pflanzen tut man mit Kompost oder verrottetem Mist keinen Gefallen. Sie gedeihen besser auf magereren Böden.

Der Bienenfreund trägt seinen Volksnamen zu Recht: Zu Dutzenden umschwärmen ihn die nützlichen Insekten.

Phalaris arundinacea var. *picta*

Rohrglanzgras

ZONE 4–9 | 1 m | wuchernd

Rohrglanzgras gehört zu den ältesten Kulturgräsern für den Garten. Es trägt auffällig grün-weiß gestreifte Blätter und ist für seinen ausgeprägten Ausbreitungdrang berüchtigt. In seinem Fall ist der Terminus „invasiv" in der Tat gerechtfertigt; deshalb sollten Sie, um auf Dauer Freude an dem durchaus dekorativen Süßgras zu haben, unbedingt die unten genannten Pflegehinweise beachten. Die Blätter der Sorte 'Feesey' haben einen noch größeren Weißanteil und sind kurz nach dem Austrieb rosafarben überhaucht. Angeblich neigt 'Feesey' auch etwas weniger zum Wuchern.

STANDORT

Um seine ausgeprägte Zweifarbigkeit zu erhalten, braucht das Gras einen vollsonnigen Platz. Nutzen Sie es zur Besiedelung schwer begrünbarer Hänge oder setzen Sie es als Kontrast zu den Blühpflanzen in die Staudenrabatte. Sobald das Laub unansehnlich wird, schneidet man die ganze Pflanze auf Bodenhöhe zurück und gießt reichhaltig. Dann erscheinen bald frische junge Triebe.

VERMEHRUNG

Rohrglanzgras vermehrt sich über weithin reichende unterirdische Ausläufer, die man leicht ausgraben und versetzen kann. Wer mag, kann sie zuerst in Töpfe setzen, bis erkennbare Pflanzen daraus geworden sind.

PFLEGE

Damit das Rohrglanzgras an der Stelle gedeiht, wo Sie wollen, und nicht wo es will, stechen Sie zwei- bis dreimal im Jahr mit dem Spaten die Erde rund um den Wurzelstock ab und heben dann mit der Grabegabel alle Ausläufer außerhalb dieses Bereiches heraus.

Rohrglanzgras wird stolze 100 cm hoch; die im Frühsommer erscheinenden Rispen reichen sogar noch darüber hinaus.

Physalis alkekengi

Lampionblume

ZONE 5–8 | 60 cm | 60 cm

Die orangefarbenen Lampions, denen die Pflanze ihren Volksnamen verdankt, sind die Kelche der Samenstände. Die Blüten selbst sind winzig, weiß und unscheinbar. Neben der Art gibt es die natürlich auftretende *P. alkekengi* var. *franchetti*, deren spitz zulaufende Laternen besonders intensive Orangetönung aufweisen. Stängel für Trockenarrangements sollte man am besten bei beginnender Verfärbung schneiden.

STANDORT

Pflanzen Sie Lampionblumen zwischen Herbst und Frühjahr an einen sonnigen Ort. Die Bodenqualität spielt keine Rolle. Ist der Platz beschränkt, sollten Sie die Pflanzen in einen Eimer ohne Boden setzen, der bis zum Rand eingegraben wird.

VERMEHRUNG

Teilen Sie die Pflanzen im Winter während ihrer Ruhephase. Droht die Lampionblume das ganze Beet zu erobern, stechen Sie mit dem Spaten die Erde rings um den gewünschten Standort ab und entfernen alle darüber hinaus reichenden unter- und oberirdischen Triebe. Wegen Gefährdung durch Schnecken etc. ist bei Aussaat Vorkultur empfehlenswert.

PFLEGE

Lampionblumen sind widerstandsfähig gegen Schädlinge und anspruchslos in der Pflege.

Lampionblumen verdanken ihren Namen den pergamentenen Kelchen, die die runden Beeren umgeben.

Physostegia virginiana

Gelenkblume

ZONE 4–8 | 1,2 m | 60 cm

Der deutsche Name dieser Pflanze geht auf die Eigentümlichkeit zurück, dass die Einzelblüten beweglich und entlang des Stängels verdrehbar sind – so, als hätten sie ein Gelenk. Ein Vorteil ist ihre späte Blütezeit, die bis in den Herbst hinein reicht. Zudem ist die Gelenkblume recht wartungsfrei; sie braucht keine Abstützung und hält dem wechselvollen Herbstwetter gut stand. Neben der Art, die rosa-mauve-farbene Blüten hervorbringt, gibt es eine ganze Reihe von Sorten, darunter 'Crown of Snow' und 'Summer Snow' (beide weiß) sowie 'Variegata' mit blass lavendelblauen Blüten und cremeweiß gerandetem Laub.

STANDORT

Gelenkblumen mögen mit Gartenkompost oder verrottetem Mist angereicherte Erde. Sie blühen in der Sonne und im lichten Schatten.

VERMEHRUNG

Die Pflanzen verbreiten sich durch Ausläufer und können auch wuchern. Eine Teilung erfolgt am besten im Frühjahr.

PFLEGE

Eine Mulchschicht aus verrottetem Mist im Frühsommer fördert, insbesondere bei mageren Böden, die Blühfreudigkeit.

Die in Nordamerika heimische Gelenkblume bringt noch im Herbst lichte Farbe in den Garten. Die Sorte 'Vivid' trägt dunklere Blüten als die hellrosa Art.

Polemonium caeruleum

Jakobsleiter

ZONE 4–8 | 60 cm | 60 cm

Die Jakobs- oder Blaue Himmelsleiter verdankt ihren Volksnamen den bis zu zwölf Fiederpaaren, die wie Leitersprossen entlang der Blattachse angeordnet sind. Die ursprüngliche Art trägt hohe Trugdolden mit breitglockigen blauen Blüten; inzwischen sind jedoch Sorten in verschiedenen Farben erhältlich. *P. caeruleum* f. *album* blüht weiß, und der Flor von 'Brise d'Anjou' zeigt eine deutliche Violetttönung, während 'Lambrook Mauve' lavendelblau leuchtet. Diese Sorte ist nach dem Herrensitz Lambrook Manor benannt, Heim der namhaften britischen Gärtnerin Marjory Fish. Sie hatte an der Jakobsleiter übrigens nur eines auszusetzen: dass diese von der Spitze abwärts blüht – die obersten Blüten sind also stets verwelkt, wenn sich die untersten öffnen.

STANDORT

Die Pflanzen blühen in Sonne und lichtem Schatten und kommen mit praktisch jedem Bodentyp zurecht. Nur austrocknen dürfen sie nicht.

VERMEHRUNG

Die Jakobsleiter versamt sich bereitwillig, und die Sämlinge sind bereits Miniaturausgaben der Elternpflanze – sie treiben eine Rosette derselben leiterförmigen Blätter. Bei Bedarf lassen sie sich problemlos versetzen.

PFLEGE

Reicht Ihnen Ihr Bestand an dieser Staude, können Sie verblühte Triebe bis auf Bodenhöhe zurückschneiden und damit vielleicht sogar einen zweiten Flor anregen. Höhere Exemplare brauchen in exponierter Lage einen Staudenhalter.

Lavendelblaue Blüten mit kontrastierenden gelben Staubblättern sind ein typisches Merkmal der Blauen Himmelsleiter.

Polystichum setiferum

Borstiger Schildfarn

ZONE 5–8 | 1,2 m | 1 m

Farne werden als Zierpflanzen noch immer unterschätzt. Dabei gibt es kaum etwas Dankbareres für ungünstige Gartenpartien. Ein dunkler Innenhof lässt sich ebenso begrünen wie der trockene, schattige Bereich unter ausladenden Bäumen. Auch Rabatten an der Hauswand sind oft problematisch zu bepflanzen, da die Mauern Feuchtigkeit anziehen und den Boden austrocknen und der Dachvorsprung obendrein noch viel Regen abfängt. Farne stören sich daran so gut wie nicht. Der Borstige Schildfarn hat trotz seines deutschen Namens sehr weiche, fein gefiederte Wedel. Er ist wintergrün, und die nachwachsenden jungen Wedel sind dicht mit braunen Härchen besetzt.

STANDORT

Der Borstige Schildfarn stellt insofern etwas höhere Ansprüche als der praktisch unverwüstliche Gewöhnliche Wurmfarn (*Drypoteris filix-mas*), als er gut durchlässigen Boden braucht. Er verträgt auch etwas Sonne, jedoch nicht volle Sonne den ganzen Tag. Arbeiten Sie reichlich verrotteten Mist ein, bevor Sie ihn pflanzen.

VERMEHRUNG

Wenn Sie an einem Wedel etwas entdecken, was wie ein junger Farn aussieht, senken Sie den Trieb ab und fixieren ihn auf Bodenhöhe. Die kleinen Pflänzchen werden früher oder später Wurzeln bilden, können dann von der Elternpflanze abgetrennt und andernorts eingesetzt werden. Mitunter finden Sie auch aus Sporen entstandene Jungpflanzen (mehr zur Farnvermehrung unter *Drypoteris filix-mas* auf Seite 68).

PFLEGE

Im ersten Jahr gründlich wässern. In milden Regionen kommt der Borstige Schildfarn ohne Winterschutz aus, ansonsten im Herbst mit Laub abdecken.

Der Borstige Schildfarn (oben) behält seine feinen, gleichmäßig gefiederten Wedel das ganze Jahr über.

Pulmonaria officinalis

Echtes Lungenkraut

ZONE 4–8 | 25 cm | 45 cm

Das bei uns heimische Echte Lungenkraut besitzt die seltene Fähigkeit, am selben Stängel Blüten in zwei verschiedenen Farben zu tragen. Die Blüten erscheinen anfangs rosarot und verfärben sich im Verblühen bläulich. Die Blätter sind rauhaarig und silberweiß gefleckt. Andere Arten tragen sogar noch dekorativere Musterungen. Beim Spanischen Lungenkraut (*P. saccharata*) (Zone 4–8) etwa sind die Blätter derart reichlich gefleckt, dass sie mitunter ganz hell wirken und nur noch einen grünen Rand aufweisen. Das Ziegelrote oder Siebenbürger Lungenkraut (*P. rubra*) (Zone 5–8) kommt am frühesten zur Blüte; seine korallenroten Blüten öffnen sich bereits im Spätwinter. Die Blätter dieser Art sind einfarbig hellgrün.

STANDORT

Lungenkraut gedeiht am besten in absonnigen oder sogar voll schattigen Lagen in nährstoffreichem Boden, der nicht austrocknen darf. Setzen Sie es vor eine Hecke oder mischen Sie es mit niederen Zwiebelblumen und höheren Sommerstauden, die davon ablenken, dass sein Laub später im Jahr unansehnlich wird.

VERMEHRUNG

Die Pflanzen versamen sich reichlich; Sie brauchen also nur die jungen Pflänzchen ausgraben und versetzen. Die Nachkommen fallen selten genauso aus wie ihre Eltern, aber das macht das Ganze nur spannender!

PFLEGE

Lungenkraut ist sehr anfällig für Mehltau. Schneiden Sie betroffene Pflanzen vollständig zurück (s. S. 29); bald sollten frische, gesunde Blätter nachwachsen. Dieselbe Methode hilft auch, wenn das Laub unansehnlich wird.

Pulmonaria *'Beth's Pink' schmückt sich mit kräftig rosafarbenen Blüten und hübsch geflecktem Laub.*

Ribes sanguineum

Blutjohannisbeere

ZONE 6–8 | 1,8 m | 1,2 m

Die rosaroten Blüten der Blutjohannisbeere sind im Frühjahr ein hübscher Blickfang in vielen Gärten. Oft blühen sie noch gleichzeitig mit der intensiv gelben Forsythie. Früher waren diese beiden Gehölze fester Bestandteil jedes Gartens, sind inzwischen jedoch etwas aus der Mode gekommen. Schneidet man Blutjohannisbeerentriebe frühzeitig, hat man bereits in der kalten Jahreszeit einen Frühlingsgruß in der Vase. Ihr Geruch, den man allerdings nur wahrnimmt, wenn man die Blätter streift, ist etwas stechend. Manche finden ihn unangenehm, andere erinnert er stark an Johannisbeeren. Es gibt Sorten mit Blüten in verschiedenen Rosatönen – vom intensiven 'Pulborough Scarlet' über die blassrosa 'Brocklebankii' bis hin zur weißen 'Tydeman's White'.

STANDORT

Dieses Gehölz kommt mit allen Standortbedingungen zurecht; es gedeiht vor schattigen Wänden ebenso wie in der Sonne und stellt keine Ansprüche an den Boden.

VERMEHRUNG

Nehmen Sie im Herbst Steckhölzer; diese bewurzeln gewöhnlich rasch und sind bald zu kleinen Pflanzen herangewachsen, die man ins Freie setzen kann.

PFLEGE

Der Rückschnitt erfolgt unmittelbar im Anschluss an die Blüte. Machen Sie es später, schneiden Sie höchstwahrscheinlich die Blütentriebe des folgenden Jahres. Kürzen Sie Blutjohannisbeeren nicht unüberlegt ein – Vögel picken die Früchte sehr gerne. Bei alten, sparrig gewordenen Exemplaren kann man einige Triebe auf Bodenhöhe zurückschneiden, um neues Wachstum anzuregen.

Die Blutjohannisbeere kommt schon früh im Jahr zur Blüte; später freuen sich gefiederte Sänger an den Beeren.

Romneya coulteri

Baummohn

ZONE 8–10 | 2,5 m | 2 m

Der in Kalifornien heimische Baummohn schmückt sich mit großen flachen mohnähnlichen Blüten, deren weiße Kronblätter wie plissiert wirken und in deren Mitte goldfarbene Staubblätter leuchten. Das Laub der dekorativen Zierstaude ist graugrün und fein gefiedert.

STANDORT

Gute Bodendurchlässigkeit ist ebenso wichtig wie volle Sonne. Baummohn braucht ein wirklich geschütztes Plätzchen. Verpflanzt werden dürfen nur junge Exemplare.

VERMEHRUNG

In richtiger Umgebung verbreitet sich der Baummohn rasch über Wurzelausläufer. Graben Sie diese Ableger aus, trennen sie mit einem scharfen Schnitt von der Mutterpflanze und setzen sie an der gewünschten Stelle wieder ein. Jungpflanzen, die verschenkt werden sollen, wickeln Sie in feuchtes Zeitungspapier oder Sackleinen. Gibt es keine Wurzelausläufer, müssen Sie abwarten. Die Pflanze auszugraben und Wurzelschnittlinge zu nehmen, ist im Regelfall zu riskant.

PFLEGE

Geben Sie Kalifornischem Baummohn sicherheitshalber immer guten Winterschutz.

Der Baummohn blüht am diesjährigen Holz. Ein evtl. nötiger Rückschnitt sollte im zeitigen Frühjahr erfolgen.

Rosa

Rosen

ZONE 2–10 | 6 m | 1,2 m

Die von Märchen und Sagen umrankten Rosen haben bekanntlich ihren ganz besonderen Reiz. Vor gut hundert Jahren beschränkte sich die Zucht hauptsächlich auf Sorten, deren prachtvolle Blüten auf Ausstellungen Preise gewannen. Gartensträucher wurden darüber regelrecht vernachlässigt. Das ist heute glücklicherweise anders, und in der Tat ist die Auswahl mittlerweile so groß, dass es für praktisch jeden Gartenstandort die passende Rose gibt. Grob unterscheidet man zwischen Wildrosen und Zuchtformen. Fast alle Wildrosen tragen einfache Blüten mit fünf Kronblättern, während die gezüchteten Sorten in dieser Hinsicht keinerlei Grenzen kennen – es gibt gefüllte Rosen, solche mit „geviertelten" Blüten und auch Sorten mit einer solchen Fülle von Kronblättern, dass sie fast kugelförmig wirken.

STANDORT

Wildarten wie die Kartoffelrose (*R. rugosa*) (Zone 2–10) sind für dichte Hecken und sogar als Windbrecher geeignet. Hundsrosen (*R. canina*) (Zone 3–10) wirken sehr natürlich, wenn sie sich durch andere heimische Heckenpflanzen ranken, während Strauchrosen wie die Dünenrose (*R. pimpinellifolia*) (Zone 3–10) zu großen Büschen heranwachsen, die praktisch keiner Pflege bedürfen. Sie gedeihen auch in versteckten Gartenecken und im lichten Schatten. Die Rotblättrige oder Hechtrose (*R. glauca*) (Zone 4–10) braucht etwas Abstützung.

VERMEHRUNG

Rosen, deren verwelkte Blüten nicht entfernt werden, produzieren Hagebutten – manche bringen dabei ein solch farbenprächtiges Schauspiel zustande, dass es dem Flor Konkurrenz macht. Gibt man echten Wildrosen Gelegenheit, Früchte zu bilden, können Sie sich theore-

Verschwenden Sie keine Zeit auf komplizierte Vermehrungstechniken. Nehmen Sie stattdessen einfach von Ihrer Lieblingsrose Stecklinge.

Bei Wildarten wie der Ramblerrose Rosa rubus *kann man aus Stecklingen kräftige Jungpflanzen gewinnen.*

tisch versamen. Die Hechtrose (*Rosa glauca*) sät sich auf diesem Wege bereitwillig aus, Selbiges gilt für Kartoffel- und Hundsrose (*R. rugosa* bzw. *R. canina*). Die Sämlinge lassen sich an andere Plätze verpflanzen.

Wildrosen, d. h. nicht veredelte Rosen, bilden oft große Wurzelstöcke oder schicken unweit der Elternpflanze Wurzelausläufer ans Licht, die man ausgraben und abtrennen kann. Robuste Exemplare vertragen auch Teilung.

Kommerziell gezüchtete Rosen werden mittels teilweise komplizierter Techniken vermehrt, die uns hier nicht weiter interessieren sollen. Theoretisch lassen sich viele Rosen über Stecklinge vermehren, was für Züchter jedoch zu unwirtschaftlich wäre. Im eigenen Garten bietet es sich jedoch geradezu an, diese Methode einzusetzen – und der Erfolg gibt einem dabei immer wieder recht.

Nehmen Sie im Herbst bleistiftdicke Steckhölzer und streifen Sie die Stacheln ab, bevor Sie nach der auf Seite 21 beschriebenen Methode vorgehen. Die Chancen erhöhen sich, wenn man die Stecklinge in einem Frühbeet kultiviert. Bei wuchskräftigen Arten ist allerdings auch dies einen Versuch wert.

PFLEGE

Rosen schneiden würde den Rahmen dieses Kapitels sprengen, deshalb nur zwei andere kurze Tipps. Reichern Sie vor dem Pflanzen einer Rose den Boden mit verrottetem Mist an; sie wird es Ihnen danken. Und pflanzen Sie neue Rosen nie an eine Stelle, wo Sie kurz zuvor eine andere Rose ausgegraben haben. Sie gedeihen dort schlecht.

Rosmarinus officinalis

Rosmarin

ZONE 7–9 | 1 m | 1 m

Rosmarin ist im Mittelmeerraum heimisch und somit zwar sonnenverwöhnt, aber mit relativ mageren Böden zufrieden. Seit Jahrhunderten wird er in Kräutergärten kultiviert, und früher war es üblich, einer Braut einen Rosmarinstängel in das Brautbukett zu stecken, den sie anschließend in ihren Garten pflanzte. Die nadelförmigen immergrünen Blätter sind ebenso aromatisch wie die Blüten und tragen unterseitig einen hübschen Silberstreif, der sie für Brautsträuße und andere Blumenarrangements besonders attraktiv macht. Die gewöhnliche Art, *R. officinalis*, trägt purpurblaue Blüten, doch es gibt auch andersfarbige Sorten: 'Lady in White' blüht erwartungsgemäß weiß, 'Majorca Pink' in einem purpurn angehauchten Rosa. Erkundigen Sie sich, bevor Sie Stecklinge von Pflanzen nehmen, ob diese winterhart sind. Viele Sorten erfrieren nämlich in unseren Breiten.

STANDORT

Pflanzen Sie Rosmarin dort, wo Sie seinen Duft genießen können – in die Nähe einer Gartenbank, eines oft begangenen Weges oder unter die Wäscheleine, wo er vielleicht sogar der dort trocknenden Wäsche etwas von seinem Aroma mitgibt. In puncto Boden stellt er keine Ansprüche und gedeiht auch mit etwas Schatten. Dort blüht er allerdings spärlicher.

VERMEHRUNG

Rosmarinstecklinge bewurzeln leicht, wenn man sie im Sommer nimmt. Überwintern Sie die Jungpflanzen aber in einem Frühbeet und setzen sie erst im nächsten Frühling ins Freie.

PFLEGE

Abgestorbene sowie schwächliche Triebe im Frühjahr auslichten.

Rosmarin findet immer häufiger Eingang in die Floristik, wo man neben seiner interessanten Form vor allem den aromatischen Duft schätzt.

Salix

Weiden

ZONE 5–8 | 15 m | 10 m

Es gibt zahlreiche Gartenweiden: Arten wie Salweide (*Salix caprea*) und Bruchweide (*Salix fragilis*) (Zone 5–9) bieten sich als Heckensträucher an, da sie das umfriedete Areal gut gegen Wind abschirmen. Schneiden Sie sie nach Bedarf. Ein lebender Zaun oder Paravent aus geflochtenen Weidenruten ist dekorativ und praktisch zugleich. Die Technik lässt sich leicht lernen.

STANDORT

Fast alle Weiden sind schnell und kräftig wachsende Pflanzen mit einem großen Wurzelsystem, das berüchtigt dafür ist, Abwasserleitungen anzugreifen. Überlegen Sie also gut, wo Sie eine Weide hinsetzen.

VERMEHRUNG

Steckt man Stängelstücke der Bruchweide in einen Eimer mit Wasser, dauert es kaum eine Woche, bis die ersten Wurzeln erscheinen. Sie können sie sogar längere Zeit in „Hydrokultur" halten – selbst wenn das Wasser kurzzeitig gefriert, überleben sie. Die meisten Weidearten lassen sich gut über Steckhölzer vermehren.

PFLEGE

Arten, die wegen ihrer farbigen Triebe gezogen werden, müssen im Spätwinter radikal zurückgeschnitten werden.

Viele Weiden werden wegen der hübschen Kätzchen kultiviert, die sie im Frühling tragen.

Salvia sclarea var. *turkestanica*

Muskatellersalbei

ZONE 5–10 | 1,5 m | 1 m

Muskatellersalbei ist eine außergewöhnliche Pflanze, deren Blütenstände wie vielarmige Kandelaber aus einer Rosette dunkelgrüner behaarter Blätter wachsen. Die Stängel sind mit typischen Salbeiblüten besetzt, deren pergamentartige Hochblätter ihre Farbe noch lange behalten, wenn die eigentlichen Blüten längst verwelkt sind. Muskatellersalbei ist nicht nur eine große und auffällige Blume, sondern verströmt auch einen starken, wenig angenehmen Duft. Trotzdem findet das ätherische Öl der Pflanze in der Parfumindustrie Verwendung und wird vor allem in der Aromatherapie geschätzt, wo es als ausgleichend, stimmungshebend, beruhigend und stärkend gilt. Eine augenfällige Bereicherung für den Garten, solange man ihm nicht zu nahe kommt oder ihn – das ist am schlimmsten – streift.

STANDORT

Pflanzen Sie Muskatellersalbei an einen vollsonnigen Platz mit gut durchlässigem Boden, aber nicht zu nahe an einen Weg oder gar Ihren Wäschetrockenplatz. Besonders dekorativ wirkt er in Kombination mit anderen Pflanzen in ähnlich blassrosa-purpurner Farbstellung – alten Rosen vielleicht und/oder Phlox.

VERMEHRUNG

Muskatellersalbei ist kurzlebig und blüht im zweiten Jahr. Er sät sich reichlich aus und lässt sich problemlos versetzen.

PFLEGE

In exponierten Lagen kann er eine Stütze benötigen. Aromatische Pflanzen wie der Muskatellersalbei werden nur selten von saugenden Insekten befallen.

Auch wenn die eigentlichen Blüten längst verwelkt sind, bieten die attraktiv gefärbten Hochblätter des Muskatellersalbeis noch lange ein hübsches Farbschauspiel im Garten.

Saxifraga x urbium

Porzellanblümchen

ZONE 7–9 | 30 cm | 60 cm

Das Porzellanblümchen, mitunter auch Schattensteinbrech genannt, verdient einen Platz in der ersten Reihe des Staudenbeetes, wo es sich mit anderen Frühlingsblühern tummeln kann. Die schleierartigen Blütenstände treiben aus dekorativen Rosetten fleischiger Blätter, die das ganze Jahr über grün bleiben. Trotz ihrer optischen Verwandtschaft mit exotischen Sukkulenten sind Porzellanblümchen winterhart.

STANDORT

Porzellanblümchen bevorzugen feuchtes Erdreich und Schatten. Die Blattrosetten eignen sich als hübscher und dichter Bodendecker, bei dem Unkraut kaum eine Chance hat.

VERMEHRUNG

Einzelpflänzchen mit einigen Wurzeln lassen sich leicht abtrennen und an anderer Stelle wieder einsetzen. Bevor der Bestand überhand nimmt, können Sie ihn teilen und so in Form halten.

PFLEGE

Bei heißer Witterung nicht austrocknen lassen. Im Frühsommer die verblühten Blütenstände abschneiden, damit die Pflanzen wieder manierlich aussehen.

Blüten von Pflanzen der Gattung Saxifraga *(Steinbrech) sind gewöhnlich sternförmig mit fünf Kronblättern.*

Silybum marianum

Mariendistel

ZONE 7–11 | 1,5 m | 1 m

Diese Distel ist eine echte Bereicherung für jeden Naturgarten. Die Blätter sind silberweiß marmoriert, was die Sämlinge leicht erkennbar macht, so dass man sie an den gewünschten Platz versetzen kann. Die typischen Distelblüten mit dem charakteristischen Schopf purpurroter Röhrenblüten verströmen zarten Duft – Sie müssen sich nur nahe genug an sie heranwagen.

STANDORT

Mariendisteln gedeihen am besten auf mageren Böden. Mist und Kompost fördern Wurzel- und Blattwachstum auf Kosten der Blühfreudigkeit. Da sie kräftige Dornen trägt, pflanzt man sie besser nicht in Wegesnähe.

VERMEHRUNG

Die Disteln versamen sich leicht, und die Sämlinge lassen sich gut verpflanzen oder in Töpfe setzen und verschenken – immer mit dem Hinweis auf die spätere Größe der Pflanze und ihre Dornen. Sollten Sie genug von der Mariendistel haben, entfernen Sie die Blütenköpfe, bevor diese Samen ansetzen, und Sie brauchen sich keine Gedanken mehr darüber zu machen.

PFLEGE

Solange die Sämlinge noch sehr klein und dornenlos sind, fallen sie manchmal Schnecken zum Opfer.

Wer sich nahe genug heranwagt, kann den zarten Duft der Mariendistel schnuppern.

Sisyrinchium striatum

Binsenlilie

Freunde schwertförmiger Blätter äußern bisweilen die Vermutung, Binsenlilien gehörten derselben Familie an wie Schwertlilien, wenngleich ihre Blüten natürlich weit weniger spektakulär sind. Die Südamerikanische Binsenlilie (*S. striatum*) trägt cremeweiße Blüten mit braunen Streifen und blüht sehr lange. Die Schmalblättrige Binsenlilie (*S. angustifolium*) (Zone 3–10) versamt sich ebenfalls, blüht jedoch blau. Es gibt noch viele weitere Arten; die meisten sind Steingartenpflanzen.

STANDORT

Gut durchlässiger Boden in voller Sonne gefällt Binsenlilien am besten. Wegen ihrer kräftigen immergrünen Blätter bieten sie sich für den Vordergrund der Rabatte an.

VERMEHRUNG

Lassen Sie die Blütenstände stehen, entwickeln sich beerenartige grüne Früchte, und die darin gereiften Samen können an den unwahrscheinlichsten Plätzen zu keimen beginnen – in winzigen Spalten von Pflasterflächen etwa, mitten auf Wegen und Terrassen. An solch engen Stellen lassen sich die Jungpflanzen natürlich schwer ausgraben. Erscheinen sie aber an anderen Orten, kann man sie leicht herausnehmen und versetzen.

PFLEGE

Bei anhaltender Staunässe beginnen Binsenlilien zu faulen. Schnecken suchen zwar gerne Unterschlupf zwischen den alten Blättern an der Pflanzenbasis, richten normalerweise aber keinen Fraßschaden an.

Die am häufigsten als Zierpflanze kultivierte Binsenlilie ist Sisyrinchium striatum. *Sie schmückt sich mit Rispen cremeweißer Blüten mit feinen braunen Linien.*

Stachys byzantina

Wollziest

ZONE 4–9 | 35 cm | 50 cm

Der Wollziest wird auch Hasenohr genannt, nicht nur von der Form her, sondern auch weil seine weißwollig behaarten Blätter zum Streicheln einladen. Die Pflanze eignet sich als Bodendecker, ist aber nicht dicht genug, um starkwüchsige Unkräuter wie etwa Kriechenden Hahnenfuß auf Dauer zu unterdrücken. In den Zonen 4–7 verliert der an sich immergrüne Wollziest im Winter seine Blätter, gleiches kann in schwülheißen Sommern passieren, wenn die Durchschnittstemperatur über 15 °C steigt. Die Blütenstängel sind, ebenso wie die Hochblätter, die die eigentlichen Blüten umgeben, wollig-filzig behaart. Die purpurrosa Blüten selbst haben die typische Lippenblütlerform und sind in Quirlen angeordnet. Manche Gartenfreunde empfinden sie als unschön, da sie nur von dem hübschen Blattteppich ablenken. Möglicherweise deshalb wurde die Sorte 'Silver Carpet' entwickelt, die keine Blüten treibt. Falls Sie sich an den Blütenständen stören, schneiden Sie sie einfach ab.

STANDORT

Volle Sonne und gut durchlässiger Boden ist für den Wollziest ideal. Gern dringt er in angrenzende Rasenflächen vor.

VERMEHRUNG

Sein Ausbreitungsdrang macht den Wollziest zu einer leicht teilbaren Pflanze. Schneiden Sie einfach ein paar Stängel ab und lassen Sie diese in Wasser Wurzeln bilden, oder graben Sie ein bisschen tiefer und ziehen ein paar bereits bewurzelte Triebe heraus.

PFLEGE

Mehltau kann zum Problem werden. Ratschläge zur Bekämpfung finden Sie auf Seite 29.

Die Hasenohr-Sorte 'Silver Carpet' entwickelt keine Blüten, sondern beschränkt sich auf einen dichten Teppich wollig behaarter Blätter.

Symphytum officinale

Beinwell

ZONE 4–9 | 1 m | 1 m

Der heimische Beinwell ist ideal für eine schattige Gartenecke. Seine hängenden, röhrenförmigen Blütenglocken können cremerosa oder purpurfarben sein, Laub und Stängel sind rau behaart. Der Kleine Kaukasus-Beinwell (*S. ibericum* syn. *S. grandiflorum*) (Zone 4–9) bleibt niedriger und besitzt nickende Büschel cremeweißer Blüten, die, zumal sie relativ früh im Jahr erscheinen, gerne von Bienen besucht werden. Im trockenen Schatten bildet Beinwell einen guten Bodendecker; falls er sich zu sehr ausbreitet, können kolonisierende Jungpflanzen problemlos ausgezupft werden.

STANDORT

Beinwell kommt mit fast allen Standortbedingungen zurecht. Setzen Sie ihn dort, wo keine Gefahr besteht, dass er zartere Pflanzen überwuchert. Ideal für schwer begrünbare und im tiefen Schatten liegende Gartenpartien.

VERMEHRUNG

Beide genannten Arten verbreiten sich rasch und können leicht geteilt werden.

PFLEGE

Beinwell benötigt keine besondere Aufmerksamkeit.

Der Kleine Kaukasus-Beinwell oder Wallwurz ist ein robuster Bodendecker für problematische Gartenpartien.

Tanacetum parthenium

Mutterkraut

ZONE 6–10 | 45 cm | 30 cm

Mutterkraut oder Goldkamille ist eine alt bewährte Heilpflanze, die den Sprung in den Zierblumengarten geschafft hat – eigentlich kein Wunder, denn sie trägt jede Menge kleine margeritenähnliche Blüten. Es gibt eine goldlaubige Sorte, *Tanacetum parthenium* 'Aureum', sowie mehrere gefüllte Formen. Unter günstigen Umständen überwintert ein Exemplar und wird mehrere Jahre alt, aber verlassen sollten Sie sich darauf nicht.

STANDORT

Mutterkraut braucht einen sonnigen Platz mit gut durchlässigem Boden. Pflanzen Sie es so, dass seine hübschen Blütenbüschel höhere Stauden wie Rittersporn, Phlox oder Stockrosen umgeben und deren mitunter wenig attraktive unteren Stängelteile kaschieren.

VERMEHRUNG

Gewöhnliches Mutterkraut und auch die goldlaubige Sorte versamen sich bereitwillig. Halten Sie im Frühjahr nach den Sämlingen Ausschau und verpflanzen Sie sie an die gewünschten Stellen oder topfen Sie sie ein und verschenken sie an Nachbarn, Freunde und Verwandte.

PFLEGE

Regelmäßiges Abknipsen der verblühten Blüten hilft bei der goldlaubigen Sorte, Farbe und Attraktivität des Blattwerks zu bewahren. Andererseits erhalten Sie so natürlich keine Samen. Manchmal werden die Blütenstände von Trauermücken befallen. Am besten schneidet man die betroffenen Pflanzenteile schnellstmöglich ab und entsorgt sie.

Mutterkraut ist eigentlich eine Staude und kann theoretisch überwintern. In unseren Breiten kommt dies jedoch nur selten vor; ältere Exemplare büßen häufig an Attraktivität ein. Lassen Sie die Pflanzen lieber aussamen.

Tanacetum vulgare

Rainfarn

ZONE 4–10 | 1 m | 60 cm

Diese früher weit verbreitete Heilpflanze, deren getrocknete Blätter auch als Hausmittel gegen Motten eingesetzt wurden, ist heute leider weitgehend in Vergessenheit geraten. Im Garten bietet sie sich als wuchskräftiger Bodendecker an, der mit seinen unterirdischen Ausläufern rasch große Flächen kolonisiert. Die weichen fiederteiligen Blätter leuchten in vitalem Grün und die knopfförmigen Blütenköpfchen sind strahlend gelb. *T. vulgare* var. *crispum* trägt noch feiner gefiedertes Laub.

STANDORT

Rainfarn braucht ein sonniges Plätzchen, aber keinen besonderen Boden. Wollen Sie übermäßige Ausbreitung verhindern, verwenden Sie bei der Pflanzung besser eine der auf Seite 34 genannten Methoden. In einem großen Naturgarten können Sie ihm neben anderen wuchskräftigen Pflanzen freie Hand lassen.

VERMEHRUNG

Rainfarn breitet sich in alle Richtungen aus. Graben Sie einfach ein bewurzeltes Stück aus und versetzen es.

PFLEGE

Rainfarn ist absolut anspruchslos.

Rainfarn ist ein natürlicher Flohschutz für Hunde: einfach das Fell kräftig mit den Blättern abreiben.

Tellima grandiflora

Falsche Alraunwurzel

ZONE 4–9 | 75 cm | 30 cm

Die behaarten rundlichen Blätter der Falschen Alraunwurzel stehen in Rosetten, aus denen im Frühjahr hohe Stängel mit eher unscheinbaren Blüten erwachsen – grünlich weiße Glöckchen mit einem winzigen Kranz aus Kronblättern. Dabei duften sie ausgesprochen lieblich und bilden eine echte Bereicherung für jeden Frühlingsstrauß. Die Sorte 'Rubra' trägt mit roten Kronblättern umrahmte Blüten.

STANDORT

Die Falsche Alraunwurzel verträgt trockenen Schatten und eignet sich insofern auch für ungünstige Gartenpartien. Zu tief darf der Schatten allerdings nicht sein, sonst blüht sie nicht.

VERMEHRUNG

Sowohl die Art selbst als auch die Sorten säen sich reichlich aus. Wer einen flächendeckenden grünen Blattteppich mag, lässt sie gewähren. Andernfalls können Sie die Sämlinge auch versetzen bzw. eintopfen und verschenken.

PFLEGE

Werden die Horste zu groß, teilen Sie sie im Frühjahr – übrigens auch eine Möglichkeit der Vermehrung. Wird der Boden im Sommer zu trocken, bitte wässern.

Die Falsche Alraunwurzel – ein attraktiver Bodendecker für schattige Gartenecken.

Tiarella cordifolia

Waldschaumkraut

ZONE 3–9 · 25 cm · 1 m

Die Gattungen *Tellima* (siehe gegenüber) und *Tiarella* werden häufig verwechselt – nicht nur von Gartenfreunden, sondern sogar in Gärtnereien –, weil beide ähnliches Laub tragen und gute Bodendecker für schattige Bereiche sind. Allerdings bildet das Schaumkraut eher flächige Blattteppiche als Horste und trägt seine zahlreichen weißen Sternchenblüten in dichten Kerzen (daher übrigens auch sein zweiter deutscher Name: Waldschaumkerze). Neben der Art gibt es eine Reihe von Sorten mit interessantem Laub und farbigen Blüten. 'Eco Red Heart' zeichnet sich durch Blätter mit deutlich rotem Zentrum und rosafarbene Blüten aus, während 'Glossy' zur ursprünglichen Blütenfarbe glänzende Blätter präsentiert.

STANDORT

Das Waldschaumkraut ist, wie sein Name schon sagt, im Wald zu Hause und bevorzugt im Garten natürlich ähnliche Bedingungen – unter laubwerfenden Bäumen und Sträuchern, wo es im zeitigen Frühjahr etwas Sonne bekommt, fühlt es sich besonders wohl.

VERMEHRUNG

Sobald die Pflanzen anfangen, sich über den ihnen bestimmten Bereich hinaus zu vermehren, nehmen Sie sie heraus und teilen sie. Das geht im Herbst ebensogut wie im Frühling. Setzen Sie die Stücke sofort wieder in die Erde oder topfen Sie sie ein und geben sie an Freunde und Nachbarn weiter.

PFLEGE

Im Frühjahr oder Herbst etwas Laubmulch ausbringen, wie es den natürlichen Heimatbedingungen der Pflanze entspricht. Dies fördert das Wachstum.

Beim Waldschaumkraut Tiarella cordifolia *'Tiger Stripe' tanzen im Frühjahr zarte cremeweiße Blütenkerzen mit gelben Staubblättern über dem grünen Blattteppich.*

Tropaeolum majus

Kapuzinerkresse

ZONE 8–11 | 1,8 m | 2 m

Die Große Kapuzinerkresse ist eine dankbare Bauerngartenpflanze, die man kriechend, aber auch rankend ziehen kann, wobei sie im letzteren Fall einen wunderschönen, wenn auch kurzlebigen Sichtschutz zu bieten vermag. Die Blüten erscheinen in einer fröhlichen Farbmischung – leuchtende Rot-, Gelb- und Orangetöne, kräftiges Braun, Rosa und Apricot –, und dazu kommt die Qual der Wahl zwischen gespornten, einfachen und gefüllten Blüten.

STANDORT

Die Erstaussaat erfolgt direkt ins Freiland, da die jungen Pflänzchen schlecht zu versetzen sind. Wie viele Einjährige gedeiht Kapuzinerkresse am besten in mageren Böden. Ein wenig lichter Schatten wird toleriert.

VERMEHRUNG

In milden Klimazonen versamt sich Kapuzinerkresse, doch die Jungpflanzen sind kaum erfolgreich zu versetzen. Besser, Sie sammeln die Samen und säen im folgenden Frühjahr von Hand.

PFLEGE

Blattläuse können ein echtes Problem darstellen. Waschen Sie die befallenen Triebe mit Seifenwasser ab oder schneiden Sie sie ab.

Kapuzinerkresse blüht in vielen leuchtenden Farben; einige Sorten haben zudem panaschiertes Laub.

Verbascum thapsus

Königskerze

ZONE 3–9 · 1,8 m · 60 cm

In Gegenden, wo sie noch wild vorkommen, tauchen Kleinblütige Königskerzen (*V. thapsus*) mitunter von selbst in einem Garten auf. Im ersten Jahr bildet sich eine Rosette weicher graufilziger Blätter, aus der im zweiten Jahr die bis zu 180 cm hohen Kerzen erwachsen, dicht besetzt mit leuchtend gelben Blüten. Die Wildart sät sich bereitwillig aus, ebenso die meisten Gartenarten wie z. B. die Chaix-Königskerze (*V. chaixii*) (Zone 5–10), deren gelbe Blüten rosafarbene Staubblätter tragen.

STANDORT

Räumen Sie der stattlichen, mannshohen Königskerze einen entsprechenden Platz als Solitärpflanze ein. Beim Versetzen bedenken, dass sie volle Sonne braucht. Die kleineren Gartenarten können in eine Staudenrabatte; auch sie brauchen volle Sonne und guten Boden.

VERMEHRUNG

Sowohl Wild- als auch Gartenarten versamen sich reichlich, und die Sämlinge lassen sich leicht versetzen, solange sie klein sind. Problematisch wird es freilich, wenn sie in Pflasterspalten auf der Terrasse oder Wegen auftauchen. Dann kann man sie nur dort stehen lassen oder aber jäten. Schütteln Sie alte Blütenstände nach dem Abschneiden über einer Rabatte aus, damit jeder Samen eine reelle Chance erhält.

PFLEGE

Im Frühjahr bilden Schnecken eine Gefahr für alle Königskerzen, und im Sommer werden sie gern von Raupen gefressen. Die Gartenarten brauchen bei exponierter Lage oder schlechtem Wetter möglicherweise eine Stütze; die Wildart ist im Regelfall robust genug, um selbst Stürmen zu trotzen.

Die Seidenhaar-Königskerze (Verbascum bombyciferum) *ist der Wildart sehr ähnlich, die Blüten sind jedoch von kräftigerem Gelb und sitzen an mehrfach verzweigten Blütenständen.*

Vinca minor

Immergrün

ZONE 4–9 | 60 cm | 60 cm

Das Kleine Immergrün (*Vinca minor*) ist ein nützlicher Bodendecker für trockenen Schatten. Eine der am weitesten verbreiteten Sorten ist 'Alba Variegata' mit ihren gelb gefleckten Blättern, die auch im Winter nicht abgeworfen werden. Im Frühjahr und Sommer treibt es kleine weiße Blüten. Das Kleine Immergrün ist nur unbedeutend kleiner als das Große (*V. major*) (Zone 7–10), das sich allerdings für viele Gärten zu stark ausbreitet. Von beiden Arten gibt es zahlreiche Sorten, die sich in Blütenfarbe und -form unterscheiden.

STANDORT

Wollen Sie Immergrün wegen seiner Blüten kultivieren, brauchen die Pflanzen einen sonnigeren Platz, als wenn Sie sie nur als Bodendecker nutzen. Im Schatten blüht es nur sehr spärlich.

VERMEHRUNG

Immergrün vermehrt sich durch Absenker. Wo die kriechenden Stängel Bodenkontakt haben, bilden sie oft Wurzeln. Graben Sie diese Ausläufer aus, kappen die Verbindung zur Mutterpflanze und setzen Sie sie an die gewünschte Stelle.

PFLEGE

Das Laub wird schöner, wenn man die Pflanzen im Frühjahr kräftig zurückschneidet. Außerdem hält man sie so eher in Schach.

Immergrün besiedelt auch so schwer begrünbare Stellen wie den Fuß einer Trockenmauer.

Viola odorata

Duftveilchen

ZONE 5–10 | 10 cm | 30 cm

Wer das Glück hat, viele dieser Veilchen im Garten zu haben, kann es sich leisten, überall im Haus kleine Sträußchen der hinreißend duftenden Blüten aufzustellen. Je mehr Sie pflücken, desto mehr Knospen bildet die Pflanze – schließlich ist sie bestrebt, sich zu versamen. Es gibt mehrere Veilchenarten, und die Literatur warnt vor dem wuchernden Hainveilchen (*V. riviniana*). Aber wer könnte schon einem Veilchen widerstehen? Die herzförmigen Blätter und vor allem die im Frühling erscheinenden violettblauen Blüten sind einfach zu bezaubernd.

STANDORT

Setzen Sie Veilchen in Mischpflanzung mit anderen Waldblumen (Hasenglöckchen, Schlüsselblumen und Schneeglöckchen sind ideal), und Sie haben eine bildschöne Naturecke im Garten. Sehr häufig wählen Veilchen sich ihren eigenen Standort und tauchen plötzlich in einer Mauerritze oder rings um die Haustür auf. Falls Sie von Nachbarn und Freunden keine Pflanzen bekommen können, ordern Sie Samen bei einem Wildpflanzenspezialisten.

VERMEHRUNG

Einige Veilchenarten vermehren sich durch Absenker, *V. riviniana* bildet Wurzelausläufer. Graben Sie Ableger aus oder nehmen Sie im Herbst die ganze Pflanze aus dem Boden und teilen sie. Mit etwas Glück sät sich *Viola* auch selbst aus, und im Sommer geschnittene Stängel können im Wasser Wurzeln bilden.

PFLEGE

Werden die Blätter im Sommer unansehnlich und wirken müde, können Sie sie zurückschneiden. Das regt frisches Wachstum an.

Das Duftveilchen verströmt den intensivsten Geruch aller Viola-Arten. Mitunter gibt es im Herbst noch einen zweiten Flor.

Viola tricolor

Ackerstiefmütterchen

ZONE 4–10 | 10 cm | 15 cm

Das Ackerstiefmütterchen ist die wilde Urform der Hybriden, denen wir heute allerorten begegnen. Manchmal taucht es von selbst im Garten auf und versamt sich so freizügig, dass man nie weiß, wo es sich als nächstes zeigen wird. Auch bei der Wildart kommen unterschiedliche Blütenfarben vor; meist jedoch sind die beiden oberen Kronblätter purpurviolett, die seitlichen weißlich und das untere gelb. Die gezüchteten Gartenstiefmütterchen (*Viola* x *wittrockiana*) sind in einer breiten Farbpalette erhältlich und werden mitunter als Farbmischung verkauft. 'Super Chalon Giants' zeichnen sich durch große Blüten in Rot-, Gelb- und Violetttönen aus, während 'Joker Light Blue' einfarbige blaue Blüten mit weißer Zeichnung hat.

STANDORT

Setzen Sie Ackerstiefmütterchen an eine sonnige oder halbschattige Stelle in gut durchlässigen Boden und lassen Sie die Pflanzen dann versamen. Gartenstiefmütterchen gedeihen in Rabatten oder Pflanztrögen. Nicht zu schattig platzieren, sonst werden sie spindelig.

VERMEHRUNG

Ackerstiefmütterchen säen sich reichlich aus, und die Jungpflanzen scheinen genau zu wissen, wo sie am dekorativsten zur Geltung kommen. Auch Gartenstiefmütterchen versamen sich, überstehen unseren Winter aber nur selten und kommen praktisch nie sortenrein.

PFLEGE

Das Abknipsen verblühter Stängel verlängert die Blühsaison – aber natürlich gibt es dann keine Samen. In unseren Breiten empfiehlt es sich, Gartenstiefmütterchen jedes Jahr neu aus frischen Samen zu ziehen.

Die dreifarbigen Blüten des wilden Ackerstiefmütterchens stehen hier in bunter Mischpflanzung mit einigen Hybriden.

Weigela florida

Weigelie

Weigelien sind dankbare Ziersträucher, die sich zuverlässig in jedem Frühjahr mit einer Fülle fingerhutähnlicher Blüten schmücken.

STANDORT

Wählen Sie einen sonnigen, höchstens halbschattigen Platz in gut durchlässigem Boden. Geeignet zur Mischpflanzung mit größeren Stauden oder als Blütenhecke mit anderen Ziersträuchern wie Blutjohannisbeere und Forsythie.

VERMEHRUNG

Stecklinge bewurzeln rasch. Am einfachsten sind Steckhölzer, die man – bei mildem Klima – den Winter über in einem Aufzuchtgraben im Freien lassen kann. Unverholzte oder verholzte Stecklinge brauchen ein Frühbeet zur Anzucht.

PFLEGE

Falls gewünscht, nach der Blüte einkürzen. Bei älteren Exemplaren den einen oder anderen Trieb auf Bodenhöhe zurückschneiden, um die Pflanze zu verjüngen. Mit verrottetem Mist mulchen.

Die Sorte 'Florida Variegata' zieren leicht gewellte, gelblich weiß gesäumte Blätter und zartrosa Blüten.

Register

Kursiv gesetzte Seitenzahlen verweisen auf Abbildungen.